Monseigneur Guy-Ignace CHABRAT

ÉVÊQUE EN AMÉRIQUE

AURILLAC, IMP. H. GENTET

La Thébaïde, février 1890.

A MES JEUNES AMIS

Mes Amis,

Dans la vie du Père Murat, missionnaire apostolique, j'ai écrit ces mots :

« Des hommes éminents en sainteté et riches en grandes œuvres sont morts à diverses époques sur le territoire de l'Auvergne. Leur vie a été si pleine de mérites et leur mort si précieuse devant Dieu que l'idée m'est venue de redire cette mort et cette vie, de les redire aux pieuses familles de ces saints, aux religieuses populations de nos contrées, qu'ils édifièrent dans le temps par leurs vertus viriles, par leurs héroïques sacrifices et leur ferveur d'apôtres, de les redire aussi aux jeunes gens de mon pays et à mes frères dans le sacerdoce, pour lesquels ces hommes seront à jamais des modèles magnifiques...

« J'écrirai donc l'histoire de ces enfants de mon pays, et le lecteur, j'espère, y trouvera quelque profit et quelque édification. Il verra ce que peuvent le travail, le dévouement et la vertu à la poursuite d'un but déterminé, au service d'une idée généreuse ; il verra à quelle hauteur ils élèvent l'homme. »

Ces paroles, mes jeunes amis, expriment une promesse, et cette promesse j'ai voulu l'accomplir ; c'est pourquoi j'ai écrit la vie d'un jeune homme qui, comme le Père Murat, honora notre pays.

Je vous présente cette notice en toute simplicité, dans l'unique but de susciter en vous des sentiments de plus en plus meilleurs.

Ce petit travail a été entrepris uniquement pour vous. Puisse-t-il vous être utile, vous porter au bien, vous encourager dans l'accomplissement de vos devoirs religieux et sociaux.

Le jeune homme s'en alla bien loin, fit de grandes choses, s'éleva au plus haut degré de la hiérarchie sacerdotale et coopéra largement à la formation chrétienne d'un grand peuple.

Vous verrez dans cet enfant de nos montagnes le rayonnement des trois beautés dont je vous ai parlé dans une lettre. Vous admirerez son zèle, son courage et son dévouement et, je l'espère, vous imiterez ses vertus ; vous marcherez dans le chemin de la vie comme lui, vaillamment, saintement. C'est ce que je demande à Dieu pour vous.

Voici donc l'histoire du jeune homme.

MGR GUY-IGNACE CHABRAT

Évêque en Amérique

CHAPITRE Ier

Enfance et Jeunesse de Mgr Chabrat. — Un Évêque missionnaire. — Départ pour l'Amérique.

Sur les hauteurs de la vallée d'Auze, à une heure de distance de Mauriac (Cantal), dans les arbres et au grand soleil de midi, est situé le modeste village de Chambres : c'est là que naquit Mgr Chabrat, le 27 décembre 1787. Son père, Pierre Chabrat, et sa mère, Louise Lavialle, étaient le point d'union de deux tiges patriarcales, de deux familles anciennes très considérées dans le pays et dont les principes religieux imposaient le respect et attiraient l'estime et l'affection de tous. Ils eurent un grand nombre d'enfants, dont huit leur survécurent.

Les premières années de Guy-Ignace Chabrat s'écoulèrent dans le calme de la maison paternelle, à l'abri de l'orage révolutionnaire qui grondait tout autour et qui même parfois faisait arriver le bruit de ses fureurs jusque sous le toit des humbles chaumières du village. Il y avait là un vieux château et de riches propriétés appartenant à M. de Noailles ; les hommes de la Révolution s'en emparèrent. La chapelle du château fut dévastée, la croix du village renversée ; mais l'enfant ne comprenait rien à ces *nobles choses* que faisait la *nation toujours grande et généreuse*, lesquelles consistaient à massacrer les honnêtes gens et à voler le bien d'autrui.

Après que Napoléon eut muselé les tigres qui la dévoraient vivante, la France retrouva l'ordre, et, avec l'ordre, les institutions sociales furent relevées.

A Mauriac, on réorganisa le collège. M. l'abbé Fouilhoux, l'ancien principal que la Terreur avait jeté hors de France, fut réinstallé par M. Delalo, maire, le 29 novembre 1802. Il ouvrit les cours classiques de concert avec les abbés Counil et Leymonie, anciens professeurs, eux aussi confesseurs de la foi. Ce fut alors que le jeune Ignace commença ses études. On m'a assuré que le père Chabrat vendit un de ses domaines pour élever ses enfants ; le fait est qu'ils ont tous fourni une belle carrière : l'un a été honoré de l'épiscopat, deux sont morts chanoines honoraires de Saint-Flour, un quatrième était médecin, un cinquième avocat, l'aîné était percepteur ; une des deux filles épousa M. Rastoil, avoué à Mauriac.

Le futur évêque faisait sa seconde en 1805. Il avait pour professeur M. Delalo, ancien aumônier de l'Hôtel-Dieu de Clermont, lequel donna sa démission au mois d'octobre de la même année et revint là d'où il était venu. Le jeune Chabrat, qui lui était fort attaché, le suivit à Clermont et y fit sa rhétorique.

C'était un jeune homme ardent que ce futur évêque, et désireux des grandes choses. Il était bien constitué, d'une taille moyenne, d'une santé robuste, d'un esprit prompt et d'une grande énergie de caractère : il y avait là l'étoffe d'un apôtre.

Pendant les vacances, ses frères et ses cousins, les Lavialle, de Surgères, arrivés du collège ou du séminaire, se réunissaient tantôt chez le père Chabrat, à Chambres, tantôt dans la demeure solitaire du père Lavialle, à Surgères, hameau voisin, et là ils passaient ensemble d'agréables journées dans la pleine liberté des plaisirs innocents et dans la fraîcheur du grand air. Au milieu de ces belles joies de la famille, en face des perspectives heureuses qui se présentaient devant eux dans le monde, les jeunes Chabrat n'étouffaient pas dans leur esprit les idées sérieuses, et dans leur cœur les nobles émotions que la Providence leur envoyait dans sa miséricorde et son amour.

Esprits droits, ne pouvant respirer que dans la sphère élevée des nobles sentiments, se sentant appelés à une destinée plus haute que la surface des joies de ce monde, trois d'entre eux entrèrent au Grand-Séminaire, prenant ainsi le difficile chemin de ces hautes régions où le corps est peu, où l'âme est tout. Si ces jeunes gens avaient suivi le torrent du siècle, s'ils s'étaient livrés à ce fainéantisme qui dévore tant de belles âmes, ils auraient été tout au plus d'honnêtes inutiles. Mais ils s'adonnèrent au travail, à la vertu, et le travail, la vertu les firent grandir et leur donnèrent une valeur incomparable.

A l'époque où le jeune Ignace se rendit à Saint-Flour, il y avait au Grand-Séminaire, dirigé par les Sulpiciens, un usage fort utile à l'avancement des études théologiques. Après la classe, les élèves se réunissaient par bandes, et le plus habile dans chaque groupe faisait une répétition des thèses développées en classe par le professeur. L'abbé Chabrat devint un de ces *maîtres de conférence*, et il s'acquitta toujours de cet office avec succès, à la grande satisfaction de ses condisciples.

Durant les vacances, il s'essayait à la vie de missionnaire. Il fit restaurer la chapelle du château de Chambres, et, y réunissant les villageois, il leur parlait avec une ardeur qui faisait pressentir l'apôtre.

Par ses soins une croix fut plantée au milieu du village. C'est de cette plantation de croix qu'il datait le commencement de son apostolat. Longues années après, alors que cet athlète de la foi, revenu épuisé des Missions améri-

caines, gisait, à Chambres, sur un lit de douleurs, il me fit appeler un jour et me chargea
de demander à Lyon une croix en bronze pour
remplacer celle dont nous venons de parler et
qui était tombée de vétusté. Ce fut alors que
ce vénérable vieillard, qui touchait à l'heure
suprême, me dit cette parole, que je n'oublierai
jamais : « Mon ami, j'ai commencé par une
croix, je veux finir par une croix ; la croix,
c'est le commencement, le milieu et la fin de
la vie chrétienne. »

A l'époque où M. l'abbé Chabrat faisait ses
études théologiques, M. Levadoux, ancien
missionnaire des Illinois, en Amérique, était
supérieur du Grand-Séminaire de Saint-Flour.
Un jour, un des premiers de l'année 1810, les
séminaristes voient venir à eux un missionnaire d'Amérique. Ce missionnaire les réunit
et il leur parle. C'était un homme déjà vénérable ; la douceur de sa figure, la majesté de sa
taille, le reflet de sa sainteté inspiraient le respect et la vénération. Ce prêtre d'outre-mer
avait reçu depuis quelques jours les bulles
pontificales qui le nommaient au siège épiscopal de Bardstown, dans les États-Unis d'Amérique. Il n'était pas encore sacré, et c'était en
Amérique qu'il désirait aller recevoir l'onction
qui fait les Pontifes ; mais, avant de reprendre
la mer, il voulait voir une dernière fois M.
Levadoux, son ancien compagnon d'apostolat
dans les déserts du Nouveau-Monde, et aussi

demander aux séminaristes de Saint-Flour, si quelques-uns d'entre eux n'avaient pas entendu la voix de Dieu et ne se sentaient pas le goût et la vocation des Missions lointaines, dans les savanes du Kentucky, son diocèse. Ce saint, ce chercheur d'apôtres, ce Père de l'Église américaine, c'était Mgr Flaget, un autre enfant de l'Auvergne.

Né sur la paroisse de Saint-Julien-de-Capel, près de Billom (Puy-de-Dôme), Benoît-Joseph Flaget, devenu membre de la Société de Saint-Sulpice, fut envoyé, en 1792, en Amérique, où les Sulpiciens venaient de fonder des Missions. Il avait emmené avec lui deux missionnaires, M. David, du diocèse de Nantes, et M. Badin, du diocèse d'Orléans. Il évangélisa l'Indiana, la Havane, professa quelque temps au collège de Georgetown, à celui de Baltimore, parcourut en apôtre une partie des États-Unis, semant partout la parole évangélique avec la plus noble vigueur et les plus grands succès.

Il n'y avait alors qu'un seul évêque aux États-Unis, Mgr John Carroll, sacré en Angleterre, en 1790, et fixé à Baltimore. Le catholicisme faisait de rapides progrès, et le vieux Pontife pliait sous le poids de sa charge ; le Pape créa, en 1808, quatre nouveaux évêchés, et M. Flaget fut désigné pour occuper celui de Bardstown, dans le Kentucky, un des États de l'Union. Le saint missionnaire se soumit à la volonté du Pontife de Rome, et il vint en

France pour traiter des affaires concernant le diocèse qu'il avait à créer.

Voilà l'homme qui se présenta aux séminaristes de Saint-Flour. Il leur parla des Missions américaines, et il ne leur cacha pas le désir qu'il avait d'emmener avec lui, pour ce lointain apostolat, quelques apôtres de France.

M. l'abbé Chabrat était alors sous-diacre. C'était l'heure venue, l'heure de Dieu. Il ne balança pas un instant à prendre une détermination, et, se jetant aux pieds de l'évêque américain, lui dit : Me voici. Il se releva tout joyeux de son noble sacrifice et se prépara au départ.

Deux autres séminaristes prirent, avec une égale ardeur, la même décision : l'abbé Romeuf, des environs de Saint-Flour, et l'abbé Deydier, du village du Haut-Bagnac, paroisse d'Anglards-de-Salers. Ce dernier était né en 1788 ou 1789 ; il avait quinze frères ou sœurs, dont trois moururent en bas-âge. Des huit filles qui vécurent, deux se firent religieuses, l'une à la Visitation de Brioude, l'autre à Notre-Dame de Poitiers. Les cinq garçons entrèrent tous dans l'état ecclésiastique.

L'abbé Deydier, dont nous parlons ici, fit ses humanités à Mauriac et ses premières études théologiques à Saint-Flour. C'était un bon théologien. Plus tard, M. Péala, supérieur du Grand-Séminaire du Puy, disait à M. Arnal, d'Anglards, aumônier du couvent de la Visitation de Brioude : « Votre cousin d'Amérique, M. l'abbé Deydier, était un digne jeune homme ; je l'ai connu autrefois au Séminaire de Saint-Flour. Il avait beaucoup de talent, une grande capacité, une mémoire prodigieuse et une ardeur tout apostolique. » Comme le jeune Chabrat, M. Deydier prit généreusement la détermination de partir pour l'Amérique.

Le départ fut fixé au 10 avril 1810. En effet, ce jour-là les jeunes apôtres s'embarquèrent à Bordeaux. Outre nos trois compatriotes, Mgr Flaget emmenait avec lui M. l'abbé Darrigoux, dont j'ignore le lieu d'origine, et un jeune diacre, dont je ne connais pas même le nom. Sur le même vaisseau partait M. Bruté, de la Bretagne, que nous retrouverons plus tard évêque de Vincennes.

L'abbé Chabrat s'était courageusement arraché aux embrassements de sa famille ; et maintenant, heureux, ému, en face des horizons immenses et nouveaux de la mer et de l'âme, il vogue sur les flots, fier comme un vaillant soldat qui part pour la conquête de quelque nouveau monde. Il va enfin trouver un champ, où son dévouement ne sera pas à l'étroit et où il pourra à l'aise donner un aliment aux ardeurs de son âme, aux aspirations de son cœur, et déployer au loin toute l'ampleur de son amour.

En cette année 1810, la France et l'Angleterre étaient en guerre. « Le navire qui portait l'évêque de Bardstown, et avec lui les espérances d'une grande Eglise, fut deux fois arrêté par des frégates anglaises ; il se vit sur le point d'être conduit jusqu'aux côtes des Iles-Britanniques ; mais deux fois la Providence veilla sur lui, se servant de Mgr Flaget pour apaiser toutes les colères, et la petite troupe arriva heureusement à Baltimore. » (1)

Baltimore est une des plus considérables villes des États-Unis. C'était là que Mgr John Carroll avait fixé son siège épiscopal. Lorsqu'en 1791, il réunit son clergé en Assemblée synodale, il compta vingt-deux prêtres et il constata que le nombre des fidèles dispersés dans les États-Unis s'élevait à 24 mille ; il y avait quelques cabanes en bois qui servaient de chapelles : c'était tout. C'était peu, mais ce petit noyau promettait de grossir considérablement ; et, pendant que l'Église de France succombait sous les coups de la Révolution, la jeune Église américaine se levait, radieuse et pleine d'espérances, au-delà de l'Océan.

(1) *Vie de Mgr Flaget*, par M. l'abbé Desgeorges, supérieur de la maison des Chartreux, à Lyon.

CHAPITRE II

Séjour à Baltimore. — Départ pour le Kentucky. — Le Voyage. — L'Arrivée.

Ce fut avec une grande joie que nos jeunes Auvergnats, Chabrat, Romeuf et Deydier, mirent le pied sur le sol américain.

Ils trouvèrent à Baltimore les évêques nommés de Philadelphie et de Boston : Mgr Éga et Mgr de Cheverus, qui se préparaient à la cérémonie de leur sacre. Mgr Flaget, de son côté, se met en retraite dans le même but, et il passe quarante jours dans le silence et la prière. Son sacre eut lieu dans la cathédrale de Baltimore, le 4 novembre 1810, quatre jours après celui de Mgr de Cheverus.

Les cérémonies de ces deux sacres furent magnifiques. Toute la population de Baltimore, catholique et protestante, était accourue à ce spectacle, nouveau pour elle ; et le vieil archevêque Carroll, prélat consécrateur, ne pouvait retenir ses larmes en contemplant ces nouveaux élus du Seigneur, qui venaient, de terres lointaines, travailler à la vigne nouvellement plantée sur un sol vierge et fécond.

M. Chabrat, qui, lui également, venait de loin apporter le tribut de ses sueurs à la jeune Église américaine, faisait, avec un cœur ému, l'office de sous-diacre dans ces touchantes solennités ; mais il ne prévoyait pas qu'un jour viendrait où il serait, lui aussi, l'objet d'un spectacle semblable.

L'évêque de Bardstown et ses jeunes compagnons passèrent l'hiver à Baltimore. M. Chabrat profita de ce séjour pour apprendre l'anglais, la langue du pays.

Le printemps venu, l'évêque et sa suite se mettent en marche pour le Kentucky. Située à peu près au centre des États-Unis, cette province était, à cette époque, couverte d'immenses forêts et peuplée de bêtes sauvages, à l'exception de quelques clairières sur les bords des fleuves, où s'élevaient des villes naissantes. Quelques missionnaires y avaient déjà fondé des chrétientés.

Partie le 3 mai 1811, la petite caravane marchait à pied, l'évêque en tête ; elle n'avait qu'un cheval, et ce cheval était monté par M. David, missionnaire du Kentucky et du Maryland, dont les forces étaient épuisées. Après un voyage de dix-neuf jours, à travers les montagnes escarpées et les plaines herbeuses, nos voyageurs arrivèrent à Pittsburg, petite ville au confluent de deux rivières, qui, joignant leurs eaux, perdent leurs noms et prennent celui d'Ohio, lequel à bon droit signifie belle rivière.

Cette partie du voyage, quoique extrêmement pénible, ne fut pas sans agrément et sans poésie pour les gens de la suite de Mgr Flaget, et surtout pour M. Chabrat, à l'imagination vive, à l'âme enthousiaste. On ne voit pas un nouveau monde sans une émotion nouvelle. Le silence des vallées, l'ombre des forêts d'érables, les collines peuplées de buffles, les lianes entrelacées dans les branches des arbres séculaires, la présence dans ces solitudes inexplorées du daim, du chevreuil, du castor, du chat sauvage, du rat musqué et de mille oiseaux divers, sous un ciel nouveau, au milieu d'une création nouvelle, excitaient l'admiration, la curiosité, l'enthousiasme des jeunes voyageurs.

A Pittsburg, ils achetèrent un bateau et, le 24 mai, ils se laissèrent aller au courant des grandes eaux de l'Ohio. Châteaubriand, qui, quelques années auparavant, avait descendu le même fleuve, en fait une description intéressante :

« Rien d'aussi fécond, dit-il, que les terres arrosées par l'Ohio. Elles produisent sur les coteaux des forêts de pins rouges, des bois de lauriers, de myrtes, d'érables à sucre.... Les Indiens font des étoffes avec l'écorce de peuplier ; ils mangent la seconde écorce du bouleau....

« Les herbes et les plantes sont variées ; mais celles qui couvrent toutes les campagnes sont l'herbe à buffle, de sept à huit pieds de haut, l'herbe à trois feuilles, la folle-avoine et l'indigo. La chasse est abondante. Les canards branchus, les linottes bleues, les cardinaux, les chardonnerets pourprés brillent dans la verdure des arbres ; l'oiseau-chat miaule.... Les perroquets se réunissent en grandes troupes et dévastent les champs ensemencés... L'Ohio offre à peu près les mêmes poissons que le Mississipi. Il est assez commun d'y prendre des truites de trente livres. » (1)

Sur les ondes enchantées de l'Ohio, le petit bateau des missionnaires, qui portait César et sa fortune, comme disait le bon évêque Flaget, était devenu une chapelle flottante. Tout y était réglé comme dans un séminaire : la cloche y sonnait les exercices ; la cabine était à la fois la chapelle, le dortoir, la salle d'étude et le réfectoire. Un autel était dressé avec des caisses ; le dimanche, après la prière du matin, chacun se confessait et recevait la communion.

Arrivés à Louisville, les pieux navigateurs y trouvent MM. Badin et Mérink, missionnaires de Kentucky, qui étaient accourus au-devant de leur évêque. La voie d'eau est abandonnée, et, prenant leur chemin dans l'intérieur des terres, l'évêque et son escorte arrivent le 11 juin à Saint-Étienne, petite localité à quatre heures de distance de Bardstown. C'était là que résidaient les missionnaires dont nous venons de parler, et ce fut là le lieu fixé pour la réception solennelle de l'évêque.

M. Chabrat est nommé maître de cérémonie. Il fait dresser un autel à l'entrée de la cour

(1) *Voyage en Amérique.*

de l'église, à l'ombre de quelques arbres ; autour de cet autel, il range tout le clergé du Kentucky, c'est-à-dire MM. Badin, Mérink, David, les quatre Dominicains établis à Saint-Rose et les nouveaux venus.

Pendant que le vénéré pasteur revêtait les habits pontificaux, les fidèles, accourus de toutes parts, à genoux sur le gazon, chantaient des cantiques anglais. Les paysannes étaient vêtues de blanc ; quelques-unes d'entre elles étaient à jeun, quoiqu'il fût quatre heures du soir : elles avaient espéré faire la communion des mains de leur évêque.

Mgr Flaget est conduit processionnellement à la chapelle, au chant des litanies de la sainte Vierge ; il fait les prières prescrites par le pontifical romain, puis adresse une allocution aux fidèles, les bénit et les renvoie heureux et édifiés.

Après cette cérémonie, Mgr Flaget se retire dans son palais épiscopal. Quel palais ? Une cabane en bois, de seize pieds carrés, blanchie à la chaux, dans laquelle se trouvaient un lit, six chaises, deux tables et des rayons destinés à recevoir quelques livres. A côté de cette cabane, M. Badin avait fait préparer une autre maisonnette pour y recevoir les jeunes missionnaires venus de France.

La mission ne possédait rien à Bardstown ; c'est pour cela que l'évêque fixa provisoirement sa résidence à Saint-Étienne, où il avait quatre cents acres de terre. L'abbé Chabrat et ses compagnons continuèrent leurs études dans cette retraite. Il fut ordonné diacre et prêtre la même année. Ce fut le premier prêtre ordonné au Kentucky. Il eut la douleur de voir mourir son compatriote et ami, M. Romeuf ; ce jeune homme n'avait pas encore travaillé aux Missions américaines, mais il avait tout quitté pour elles et Dieu avait agréé son sacrifice. M. Deydier fut d'abord employé dans l'enseignement, puis dans les Missions. Nous le retrouverons.

M. Chabrat resta auprès de l'évêque, pour aider à la construction des bâtiments nécessaires à un diocèse régulier ; ce qui n'empêcha pas le vénérable prélat de l'employer en même temps dans le sacré ministère.

De Saint-Étienne, Monseigneur porta sa résidence à Saint-Thomas, où M. Thomas Howrard lui avait donné une riche plantation. De Saint-Thomas, il la porta enfin à Bardstown, désigné comme siège épiscopal. Soit à Saint-Thomas, soit à Bardstown, des églises et d'autres constructions furent élevées. Dans ces immenses travaux, l'évêque se reposait beaucoup sur la Providence d'abord, puis sur M. David, qu'il appelait son maître-maçon, et sur M. Chabrat, qu'il nommait son intendant des finances. Ce dernier se montra, en effet, dès les premiers temps habile administrateur ; c'est sur lui que se reposait Mgr Flaget pour se procurer des fonds, car il en fallait pour construire un petit séminaire, un grand séminaire et une cathédrale à Bardstown. Grâce à la sage direction et aux intelligentes économies de M. Chabrat, tout réussit, et le diocèse nouveau fut doté des établissements nécessaires.

Pendant que, sous la direction de son habile financier, les travaux se poursuivaient, Mgr Flaget parcourait en apôtre les États du Kentucky, de l'Ohio, du Michigan, de l'Illinois, du Missouri et de l'Indiana, sur lesquels il avait pleine juridiction. A son retour, en 1819, après un voyage de sept cents lieues, l'évêque fit la dédicace de son église cathédrale.

Vers cette époque, il était menacé d'une perte considérable pour son diocèse. On voulait élever son supérieur du Grand-Séminaire, M. David, à la dignité épiscopale. Pour conserver avec lui cet intrépide apôtre, Mgr Flaget écrivit à Paris, à Baltimore, à Rome, et il ne reçut de tous côtés que des *réponses désespérantes*.

« M. l'abbé Chabrat, qui avait toute sa confiance, partageait aussi son chagrin. Il ouvrit un avis qui dissipa bien des frayeurs, ramena le calme dans l'esprit du saint évêque et rassura le clergé et les fidèles. Il fut convenu d'adresser une supplique à Rome pour demander à conserver M. David en qualité de coadjuteur de l'évêque de Bardstown. On ne pouvait pas raisonnablement stipuler le titre de successeur de l'évêque, puisque M. David était plus âgé. Il était réservé pour M. Chabrat, dont la jeunesse, le zèle, le dévouement promettaient à l'Église du Kentucky de longs et utiles services. » (1)

La Cour romaine accéda au désir du clergé kentuckyen, et M. David fut sacré évêque, en 1819, avec le titre de coadjuteur.

En 1820, les bâtiments étant achevés, l'évêque, son coadjuteur et les élèves du Grand-Séminaire quittèrent Saint-Thomas et se fixèrent définitivement à Bardstown.

Depuis quelque temps déjà, des communautés de religieuses s'étaient établies sur divers points du Kentucky, où elles avaient des écoles, des hospices, des orphelinats. M. Chabrat, comme nous allons le voir, contribua à la création de tous ces établissements, y dépensant toutes ses forces, toute sa jeune vie, toute sa sainte énergie, contribuant ainsi pour une grande part à la fondation de cette Église kentuckyenne, qui devint en peu d'années l'une des plus florissantes des États-Unis d'Amérique.

(1) *Vie de Mgr Flaget,* par M. Greliche, conseiller à la Cour de Riom.

CHAPITRE III

Premières Missions de M. Chabrat. — Trois races d'Hommes. — Liberté américaine. — Obstacles à surmonter dans les Missions d'Amérique.

Après son ordination sacerdotale, M. Chabrat fut chargé de quatre congrégations, en même temps que des travaux de construction. On appelle en Amérique *congrégation* ce que nous appelons *paroisse* en France. Or, ces congrégations étaient peu nombreuses, mais vastes. Dans tout le diocèse de Bardstown, il n'y avait que douze misérables églises, dont deux en briques et dix en bois, et elles se trouvaient dans les localités les plus peuplées de catholiques. Dans les petits villages et hameaux, il y avait des stations, c'est-à-dire une maison composée de deux pièces, dont l'une était donnée au missionnaire à son passage, et l'autre destinée à servir provisoirement de chapelle.

M. Chabrat allait de l'une à l'autre de ces églises et de ces stations, faisant parfois plus de cinquante lieues, à cheval, dans les forêts et les solitudes encore inexplorées, ou en bateau, sur les rivières et les fleuves. Le dimanche, il se rendait dans une des églises qui lui étaient confiées, y disait la messe, administrait les sacrements, et puis, sans perdre un instant, il montait à cheval, à jeun, et se rendait à la hâte dans une autre église pour y dire une seconde messe. La semaine, il visitait les stations ; il faisait toujours annoncer son arrivée, de sorte qu'une foule nombreuse l'attendait, venue des hameaux disséminés dans les bois. Il entrait au confessionnal, où il passait ordinairement toute la nuit, et il n'en sortait que pour dire la messe ; il prêchait, baptisait, bénissait les mariages, faisait faire la première communion aux enfants, donnait un avis à l'un, une consolation à l'autre, déjeûnait, et vite il montait à cheval pour aller, à vingt lieues de là, remplir le même ministère ou administrer un malade qu'on lui avait désigné. Il était obligé de porter avec lui le vin et le pain du sacrifice, quelquefois même les ornements sacerdotaux, dont la plupart des stations étaient dépourvues.

Dans sa longue et douloureuse vieillesse, Mgr Chabrat m'a souvent raconté que maintes fois il s'était égaré dans les bois, après avoir parcouru des contrées immenses sans trouver une seule habitation, et que, épuisé de fatigue et mourant de faim, il arrivait à la station un quart d'heure avant minuit. « En sorte, ajoutait-il, que, devant dire la messe et ne pouvant par conséquent manger après minuit, j'avais dix minutes pour dire vêpres et complies et cinq minutes pour le dîner et le souper, car souvent je n'avais pris aucune nourriture depuis le matin. Eh bien ! tout cela était lestement fait, et à minuit j'entrais au confessionnal. » Quelquefois il s'égarait dans les bois au milieu des ténèbres de la nuit. Alors, dans l'impossibilité de retrouver son chemin, il allumait un grand feu, à la lueur duquel il récitait son bréviaire ; puis, le jour venu, il reprenait sa course.

Dans les Missions, M. Chabrat avait à exercer son action et son zèle apostolique sur trois éléments divers, sur trois races d'hommes parfaitement distinctes quant aux mœurs et à la position sociale : les *blancs,* les *noirs* et les *rouges.*

Les blancs étaient les descendants des anciens colons ; c'était la race blanche d'Europe, émigrée en Amérique. Dans cette catégorie, les uns étaient catholiques, les autres protestants, plusieurs infidèles, ne professant aucune religion.

Notre vaillant missionnaire donnait aux catholiques les soins les plus assidus et leur prodiguait toutes ses forces, son plus héroïque dévouement ; mais il travaillait aussi à la conversion des protestants. Le premier travail qui lui incombait auprès de ces derniers consistait à détruire les préjugés dont ils étaient imbus contre le catholicisme. C'était une véritable bataille à livrer, une discussion continuelle à soutenir, des points dogmatiques à éclaircir.

Dans ces luttes de la parole, la meilleure arme pour convaincre les protestants était l'Écriture-Sainte, dont ils admettent l'autorité.

de sorte que leur citer à propos un texte de la Bible, c'était les réduire au silence et même les convaincre. Aussi dans ses prédications, auxquelles assistaient beaucoup de protestants, car les protestants aimaient à entendre les prêtres catholiques, M. Chabrat se servait-il fréquemment et adroitement de l'Écriture-Sainte, qu'il savait en toute perfection.

Dans sa vieillesse, je m'en souviens, il en citait souvent au milieu des plus simples causeries, de longs passages en rapport au sujet de la conversation. Il avait la science des textes sacrés.

Quant à cette foule d'émigrés, devenue infidèle à force d'ignorance, il fallait la ramener, lui redonner la vie. Elle avait perdu la foi, parce que, venue en Amérique de tous les ports de l'Europe, formée d'alluvions charriés par les flots de nos côtes impies, elle n'avait trouvé dans le pays de son exil volontaire ni église, ni école, ni prêtre, et, ainsi abandonnée dans les forêts d'Amérique, elle avait perdu toute idée surnaturelle. C'était donc un mort à ressusciter. M. Chabrat fit souvent ce miracle.

A côté des blancs étaient les noirs. Chaque propriétaire américain avait des esclaves noirs. Ces noirs venaient d'Afrique, où on les achetait. Éloigné de sa patrie, réduit en servitude, le noir restait isolé dans la société américaine.

Il trouvait dans le prêtre catholique un consolateur et un protecteur.

L'Église, qui avait partout, dans l'ancien monde, détruit l'esclavage, travaillait à le faire disparaître du Nouveau-Monde. Mais, pour ne pas léser d'immenses intérêts, et ne pouvant d'ailleurs changer les lois civiles qui maintenaient cette institution barbare, elle allait, comme toujours, lentement, graduellement, prêchant la bonté aux maîtres, la résignation aux esclaves, relevant ceux-ci à leurs propres yeux, leur enseignant l'égalité devant Dieu au for de la conscience, leur administrant les sacrements et les traitant comme des fils bien-aimés. C'est ainsi que l'Église préparait les planteurs américains à donner la liberté aux esclaves, et les esclaves à profiter, à faire bon usage de cette liberté.

Les missionnaires catholiques ne cessaient d'intervenir en faveur de ces derniers, et, quand ils étaient assez heureux pour obtenir leur affranchissement, ils les recevaient dans leurs écoles, dans leur société. A Baltimore, ils fondèrent une communauté religieuse de filles noires connues sous le nom de Sœurs de la Providence.

Les blancs et les noirs vivaient en pays civilisé. Mais dans les forêts vivait un autre peuple, les Indiens ou sauvages, habitants primitifs de l'Amérique, qu'on appelait *Peaux-Rouges*, à cause de leur teint cuivré. Les missionnaires suivaient ces pauvres sauvages dans leurs forêts et dans leurs migrations, chantant toujours à ces enfants du désert les cantiques que les anciennes *robes noires* chantaient à leurs aïeux.

Lorsque M. Chabrat arriva en Amérique, en 1810, il y avait encore des sauvages dans les solitudes du Kentucky ; mais ils devenaient chaque jour moins nombreux, chassés de partout par les Européens. En 1827, des débris de ces nationalités mourantes se voyaient encore dans l'Indiana, l'Illinois, provinces qui étaient sous la juridiction spirituelle de Mgr Flaget. Bientôt elles disparurent.

Les blancs, les noirs et les rouges, telles étaient les trois races d'hommes sur lesquelles s'exerçait le zèle de M. Chabrat, directement ou indirectement : directement par les nombreuses missions qu'il donnait lui-même ; indirectement par les maisons d'éducation qu'il fondait partout au milieu de ces populations diverses. Il ne se laissa jamais décourager par les difficultés des distances, la multiplicité des travaux, par le pressentiment des insuccès ou de la rechute de ses indociles néophytes. Il ne s'effrayait pas de ce qu'il en coûterait d'humiliations, de sacrifices et de tristesses pour aider au grand ouvrage de la régénération de ce monde nouveau, et tirer de ces peuplades ignorantes ce que la Providence voulait en obtenir.

Ce qui favorisait singulièrement l'action du missionnaire américain, c'était la liberté dont il jouissait dans tous les États-Unis. Le Gouvernement fédéral professait le respect de tous les cultes et, s'il ne leur faisait aucune faveur, il ne mettait aucune entrave à leur exercice.

M. Badin, confrère et compagnon de M. Chabrat, dit dans un rapport :

« Dans toutes ces régions de l'Amérique, on jouit d'une liberté entière de conscience et de culte ; on ne craint pas d'être molesté.... Nous faisons des processions autour de nos cimetières, nous y plantons des croix, nous prêchons dans les Hôtels-de-Ville et même dans les prêches protestants, faute de chapelle, et tous les sectaires y viennent en foule... » (1)

Dans les jours de ses infirmités, Mgr Chabrat parlait avec enthousiasme de cette liberté américaine. « Nous faisions, disait-il, tout ce que nous voulions : nous bâtissions des églises, des écoles, des orphelinats, des hospices, et partout et toujours nous trouvions bienveillance et liberté. »

Ce vénérable évêque faisait sous ce rapport une comparaison des États-Unis avec la France, et cette comparaison n'était pas en faveur de cette dernière.

Il trouvait là-bas plus d'ampleur dans les idées, plus de largeur dans les vues, plus de simplicité dans les rouages administratifs, beaucoup moins de formalités à remplir dans les affaires civiles. Cette centralisation fran-

(1) *Annales de la Propagation de la Foi*, 1er vol., p. 35.

çaise, qui ne laisse rien à l'initiative individuelle, cet engrenage qui saisit tous les membres de l'homme et toutes ses facultés, ces
rouages administratifs si compliqués, qui ne
vous permettent pas, disait-il, de remuer le
doigt et de planter un clou dans une église sans
l'autorisation du Gouvernement, tout cela le
choquait, le révoltait ; il trouvait cela mesquin,
oppressif, peu digne d'un grand peuple.

Mais, si d'un côté le missionnaire catholique jouissait d'une pleine liberté pour l'exercice de son culte et s'il recevait même de
l'Américain des témoignages d'estime, il trouvait pourtant, de l'autre, de nombreux obstacles dans son ministère pastoral.

Le premier était la difficulté des chemins.
Incommodes en tout temps et excessivement
mauvais en hiver, les chemins étaient bordés
de bois, coupés par des rivières qui s'enflaient
prodigieusement pendant les pluies. Après
avoir fait dix à douze lieues, à peine parvenait-
il à rencontrer une maison de bois, les maisons
en brique étant encore peu communes. Les
villes elles-mêmes, dont la plupart pouvaient
être appelées plus exactement hameaux, étaient
placées à des distances si considérables les
unes des autres qu'il fallait souvent rester à
cheval une journée entière et faire quinze ou
vingt lieues sans prendre aucune nourriture ;
et encore était-elle peu propre à flatter le goût
et peu capable de remettre des fatigues du
voyage : de la chair de porc, du pain de maïs,

des pommes de terre et des choux, tel était l'ordinaire des habitants de la campagne, et le missionnaire qui arrivait devait s'en contenter. Il est facile de concevoir les fatigues qu'avait à supporter et les périls auxquels était exposé l'homme apostolique qui parcourait le Kentucky. Il trouvait des précipices à franchir, des marais fangeux, des bois impraticables. Les bêtes féroces, les reptiles lui disputaient le passage... Pendant le jour, il était effrayé de la solitude immense qui se déroulait autour de lui et il craignait de tomber au milieu de quelque tribu de sauvages inhospitaliers. Quand la nuit était venue, il ne pouvait pas goûter de repos ; s'il se livrait au sommeil, c'était un sommeil inquiet : son imagination, frappée, lui représentait toujours le serpent à sonnettes, le tigre du désert, l'ours de la montagne ou le crocodile du fleuve. La charité et le zèle pouvaient seuls l'engager à s'exiler dans ce pays lointain et à parcourir une étendue quelquefois de cent lieues pour apporter à des âmes le secours de son ministère. Véritable voyageur, il ne faisait nulle part un long séjour ; rien ne l'arrêtait dans ses courses apostoliques, puisant du courage et de nouvelles forces dans la croix de Jésus-Christ.

Le deuxième obstacle était le manque de ressources. Dans les premiers temps, les missionnaires américains n'avaient d'autres ressources que les aumônes des fidèles ; plus tard, la Propagation de la Foi vint à leur

secours. Mais ces secours réunis étaient insuf-
fisants à la construction des églises, des écoles,
des séminaires, et le missionnaire était parfois
obligé de prendre le sac de voyage et d'aller
demander à l'Europe l'obole de la charité.

A ces difficultés se joignait la haine aveugle
des ministres du protestantisme et des chefs
des sectes. Pendant les longues années que
j'ai eu l'honneur de visiter Mgr Chabrat dans
sa douloureuse solitude de Chambres, je ne
l'ai jamais entendu se plaindre des simples
protestants, au contraire, il en faisait toujours
l'éloge, il vantait leur générosité.

« Le peuple américain, disait-il, est bon de
sa nature ; mais ses ministres ont contre
l'Église catholique des haines furieuses. Il n'est
pas d'absurdités et de mensonges qu'ils n'in-
ventent contre elle ; ils déclament avec violence contre ses dogmes et ne craignent pas
de s'abaisser à des railleries grossières, en
prodiguant aux catholiques les épithètes de
papistes, de romains, de babyloniens et d'ido-
lâtres. Il fallait réfuter ces ineptes absurdités,
auxquelles ajoutaient foi les populations ignorantes. »

Telles étaient quelques-unes des nombreuses difficultés qu'avait à surmonter M.
Chabrat, dans ses courses apostoliques au
milieu des Indiens, des nègres et des blancs.
Saintement intrépide, il les surmontait toutes
avec cette énergie d'âme qu'il conserva toujours, même alors qu'épuisé, il tomba sur le

champ de bataille. Les herbages de la solitude, les lianes du désert, l'ignorance de la barbarie, les préjugés de la civilisation, la fureur des hérétiques, rien n'arrêtait ses pas. Victime résignée dans la lutte sanglante du bien contre le mal, il s'en allait, de dévouement en dévouement, à la conquête des âmes.

CHAPITRE IV

Voyage de M. Chabrat en France. — Son Retour et ses nouvelles Missions.

En 1820, après dix ans de rude apostolat dans cette Amérique qui lui était si chère, M. Chabrat reprit le chemin de sa patrie, à travers les même mers et sur les mêmes flots. Son évêque, Mgr Flaget, l'envoie implorer la charité de la France pour les nombreux besoins de son vaste diocèse.

Il lui met entre les mains deux lettres : la première, adressée à ses amis de France, contient de précieux détails sur le diocèse de Bardstown, énumère les Œuvres qui y ont été créées, les établissements qui y ont été fondés, et finit par faire un appel à la charité catholique. Voici la seconde, adressée à M. Chabrat lui-même :

« Vous êtes chargé de solliciter des âmes pieuses toutes les aumônes que vous pourrez recueillir pour un diocèse immense, où tout manque, où tout est à faire. Je vous laisse le soin de raconter à tous les fidèles qui s'intéressent aux progrès de la religion, les détails édifiants sur les communautés religieuses ; vous leur parlerez de nos deux séminaires, de nos besoins, de nos projets, etc. Comme vous avez vous-même coopéré à toutes ces bonnes œuvres avec deux ou trois autres missionnaires, vous en parlerez savamment et d'une manière intéressante.

« Manquant encore de beaucoup de choses pour rendre solides les établissements déjà faits et pour en former de nouveaux, Nous supplions NN. SS. les Évêques, MM. les Curés et autres ecclésiastiques d'encourager et soutenir ces bonnes œuvres, comme les plus directes pour procurer le salut des âmes et la gloire de Dieu. Indépendamment des trésors qu'ils s'assureront dans le ciel, ils peuvent compter sur notre vive reconnaissance et ils auront leur part à toutes les bonnes œuvres et saints sacrifices, non seulement du pauvre évêque de Bardstown, mais encore de tous ses fervents coopérateurs. Nos ferventes religieuses prieront aussi pour eux.

« † Benoît-Joseph,
« Évêque de Bardstown. »

Muni de ces deux documents, M. Chabrat aborda aux côtes de France, et ce fut avec bonheur qu'il revit le vieux monde. Arrivé à

Paris, il fit imprimer en brochure les deux lettres dont nous venons de parler et le document suivant, écrit par lui-même :

« Il y a plus de dix ans que je laissai la France pour passer aux États-Unis d'Amérique, avec Mgr Flaget, évêque de Bardstown, et pour me dévouer entièrement aux travaux pénibles du saint ministère dans ces contrées lointaines. Arrivé à Baltimore, je m'appliquai pendant neuf mois à l'étude de la langue anglaise, langue très difficile pour les étrangers.... J'accompagnai Monseigneur au Kentucky, qui est éloigné de Baltimore de plus de deux cents lieues. Là, j'eus l'honneur d'être ordonné diacre et prêtre, le premier prêtre ordonné dans ce diocèse. Depuis le moment de mon ordination, tout mon temps a été employé dans les Missions.

« Nouvellement arrivé de ce pays, où je me propose de retourner sous peu pour y passer le reste de mes jours, je désire engager les âmes zélées pour la gloire de Dieu et le progrès de notre sainte religion, à contribuer en ce qu'elles pourront au bien qui s'y fait.

« D'après la connaissance que j'ai acquise du Kentucky, des mœurs et des dispositions de ses habitants, pour la plupart ou infidèles ou hérétiques, mais toujours très disposés à écouter la parole de Dieu, je ne doute pas que le Seigneur n'ait des vues de miséricorde sur eux et je suis bien persuadé que, s'il y avait un nombre suffisant de bons et fervents catholiques, dans peu d'années la majeure partie de ce pays serait catholique. Considérant ce qui s'est fait dans ce diocèse depuis neuf ans, je ne puis m'empêcher de m'écrier : Le doigt de Dieu est là !

« Il y a dans les États-Unis d'Amérique cinq diocèses et un archevêché, et dans un an il y en aura quatre ou cinq de plus. De tous les diocèses déjà établis, je puis dire en toute vérité que celui de Kentucky est le plus pauvre. Il y a un grand nombre de paroisses dépourvues d'ornements, de calices, d'ostensoirs, de ciboires, etc. Et, en effet, dans mes paroisses, qui sont au nombre de quatre, je n'ai laissé qu'un petit calice qui appartient à un laïque, pas un seul ciboire, point d'ostensoir. J'invite donc les âmes charitables, et particulièrement celles qui ont le plus de fortune, à nous assister et à contribuer, autant qu'il est en leur pouvoir, à orner ces églises naissantes.

« Le zèle, en s'étendant au loin, ne saurait nuire au bien qui se fait en France.... Je n'aurai point de honte à demander pour une bonne cause ; je recevrai avec les sentiments de la plus vive reconnaissance les aumônes qui me seront faites à cette fin, et ne cesserai d'exhorter les âmes qui me seront confiées à prier le Seigneur de répandre ses bénédictions sur tous nos bienfaiteurs.

« Je compte emmener avec moi quatre ou cinq ecclésiastiques, si le Seigneur daigne leur donner cette vocation et me fournir les moyens de la seconder. Le Kentucky est dans un besoin extrême d'ouvriers évangéliques. Pour vous en donner une idée, il suffira de faire remarquer que, pendant plus de sept ans, j'ai été obligé de desservir seul quatre ou cinq paroisses, contenant en tout quatre ou cinq mille âmes, ayant à parcourir un espace de cinquante lieues pour les visiter ; je ne parle pas ici d'un grand nombre de catholiques répandus çà et là qu'il nous est impossible d'assister. Je prie les ecclésiastiques qui se sentiraient portés à quitter leur pays pour passer en Amérique de bien examiner leur vocation et de bien prier le Seigneur dans la sincérité de leur cœur, avant de rien entreprendre dans une affaire de si grande importance. Je serais bien fâché si, dans la suite, ils venaient à se repentir d'avoir fait une pareille démarche. Tout ecclésiastique qui veut se consacrer aux Missions de Kentucky doit être un homme de prière et de méditation, très mortifié, entièrement détaché des choses de ce monde et disposé à tout souffrir, pour l'honneur et la gloire de Notre-Seigneur et le salut des âmes qui lui seront confiées.

« S'il n'a pas ces bonnes qualités, quel bien pourra-t-il faire dans ce pays ? Exposé aux dangers qui l'environneront de toutes parts, ne succombera-t-il pas ? Tous les jours, ou presque tous les jours, il sera obligé d'entendre les confessions jusqu'à midi et quelquefois plus tard ; après quoi il dira la messe. Ensuite il faudra prêcher, cathéchiser, faire des baptêmes et puis aller visiter les malades, à trois, quatre, cinq, six lieues de distance, quelquefois plus loin.

« Quant à la nourriture, elle est souvent très grossière et très mal assaisonnée ; il n'y a pas de vin à table.

« En un mot, si un missionnaire veut remplir son devoir, il aura beaucoup à souffrir et peu de consolations dans ce monde, excepté celles que le Seigneur donne à ses serviteurs, et celles-là dédommagent bien des troubles et des croix qu'on peut endurer.

« Il y a au Kentucky six monastères de Filles : trois de Sœurs qu'on appelle les *Amantes de Marie,* et trois de Sœurs de la Charité. Le genre de vie des premières est extrêmement dur. Leur but est d'instruire les orphelines et de les préparer à faire leur première communion. Plus de soixante orphelines reçoivent gratis, chaque année, une éducation vraiment chrétienne. Les pauvres Sœurs les nourrissent en grande partie du fruit de leurs travaux. Comment le Seigneur ne bénirait-il pas de pareils établissements !

« C'est l'intention de Mgr Flaget de fonder un établissement semblable pour les jeunes gens qui n'ont pas fait leur première communion et qui, entourés d'infidèles et d'hérétiques, sont très exposés…. Mais les ressources nous manquent pour cette bonne œuvre.

« Mon Dieu ! daignez toucher le cœur de ceux qui ont en leur pouvoir la faculté de faire des aumônes, afin qu'ils concourent à cette bonne œuvre. Quelle récompense n'auront pas à attendre ceux qui nous aideront à fonder de pareilles maisons ! Combien de jeunes gens y trouveraient leur bonheur et leur salut qui autrement ne peuvent manquer de se perdre !

« Je prie donc, au nom du Seigneur, tous ceux à qui il en a donné les moyens de venir à notre secours et de ne pas se laisser surpasser en générosité par les infidèles et les hérétiques, qui nous ont si puissamment aidés dans la construction des églises que nous avons bâties au Kentucky.

« Le peu de temps que j'ai à rester dans ce pays et ma pauvreté ne me permettent pas d'aller de ville en ville et de parcourir les paroisses des divers diocèses. Je prie donc MM. les Curés qui auront connaissance de cet écrit d'avoir la charité de faire recueillir les dons des bonnes âmes et de les envoyer aux adresses ci-dessous mentionnées.

> « Guy-Ignace CHABRAT,
> « *Missionnaire au Kentucky, dans les États-Unis d'Amérique.* »

Ces lettres imprimées furent répandues partout, et les âmes généreuses firent à M. Chabrat des dons en argent, en ornements d'église, en vases sacrés. Des religieuses, parmi lesquelles une nièce de Mgr Flaget, et quelques ecclésiastiques se disposèrent à partir avec lui. J'en ignore le nombre et le nom.

Muni de ces richesses, l'intrépide apôtre, après avoir respiré quelques jours l'air toujours bienfaisant du pays natal et goûté un moment les joies de la famille, reprend le chemin de son lointain exil.

Après quelques jours de navigation heureuse, il retrouve les rivages désirés du Nouveau-Monde et arrive au Kentucky en juillet 1821. Il présente à son évêque la bonne colonie d'ecclésiastiques et de religieuses qu'il amenait de France.

La première entrevue de Mgr Flaget et de sa nièce fut très intéressante.

« Après avoir, écrivait l'évêque, le 27 juillet 1821, à la mère de la jeune fille, après avoir béni toute la compagnie et embrassé tendrement mon cher abbé Chabrat, j'allai m'asseoir auprès de la petite nièce. Ses yeux me toisaient depuis les pieds jusqu'à la tête ; elle cherchait l'évêque dans mes habits, et mes habits ne ressemblaient en rien à ceux que portent communément les évêques. En effet, j'avais une assez mauvaise soutanelle d'étamine qui était noire lorsque je l'achetai ; mais, ayant été portée pendant quatre ans à la pluie et au soleil, elle tirait beaucoup sur le gris ; mes bas avaient eu besoin en plusieurs rencontres d'une charitable aiguille ; mes souliers n'avaient rien d'élégant. Eulalie avait beau chercher l'évêque sous cet accoutrement, elle s'y perdait ; sa métaphysique n'était pas assez exercée. Je ris beaucoup de son embarras. » (1)

De retour au Kentucky, M. Chabrat recommença ses Missions. Il ne bornait pas son zèle aux congrégations qui lui étaient confiées : il allait partout où il y avait du bien à faire.

En Amérique, à cette époque, le missionnaire n'exerçait pas seulement sa sollicitude sur un point désigné, il pouvait et devait porter partout les bienfaits de son ministère. Ses pouvoirs n'expiraient pas aux confins du poste où l'évêque l'avait placé : ils n'avaient d'autres limites que celles du diocèse, ce qui permettait de mobiliser son dévouement, de l'appeler sur tous les points comme à tous les emplois.

Voilà pourquoi nous trouvons M. Chabrat évangélisant, non seulement le Kentucky, mais le Tennessée, l'Indiana, le Missouri et l'Ohio, États sur lesquels Mgr Flaget exerça longtemps la juridiction épiscopale.

Notre jeune apôtre prêchait partout, dans les Hôtels-de-Ville, dans les temples protestants, dans la salle des États. Une fois, il parla pendant une heure devant l'Assemblée générale des États de Tennessée, et, le soir venu, le Président, quoique protestant, lui offrit la plus généreuse hospitalité. Cela paraît étrange, mais c'est authentique : les missionnaires catholiques, dans leurs voyages au milieu des populations protestantes, se voyaient tout à

(1) *Vie de Mgr Flaget*, par M. Desgeorges.

coup cernés, arrêtés par la foule et obligés de prêcher. C'est que les populations neuves du Neauveau-Monde étaient avides de la parole de Dieu.

Dans l'Indiana, M. Chabrat fit avec M. Deydier de nombreuses missions. Il constata, dit M. Desgeorges, la haute estime que cette contrée avait conservée pour Mgr Flaget, son ancien missionnaire. Il y fonda plusieurs congrégations, des églises, des communautés religieuses.

Il est impossible de suivre M. Chabrat dans ses courses apostoliques, dans ses labeurs de chaque jour ; qu'il suffise de dire qu'il bravait tous les obstacles, qu'il souffrait de la faim, du soleil, du froid, de la pauvreté, sans se plaindre et se décourager, se faisant tour à tour pauvre avec les pauvres, esclave avec les esclaves, sauvage avec les sauvages.

De longues années après, quand, dans mes visites au vieil évêque américain, je prenais la liberté de lui faire remarquer la pauvreté de ses vêtements, la simplicité de son ménage : « Ah ! disait-il, pauvre enfant, nous autres évêques missionnaires, nous ne sommes pas habitués à nous si bien soigner, à nous si bien nourrir. Nous vivions un peu en sauvages là-bas dans les forêts de l'Amérique. »

CHAPITRE V

Travaux de M. Chabrat dans les Congrégations religieuses. — M. Chabrat évêque. — Ses Œuvres.

M. Nérink, missionnaire au Kentucky, avait fondé, de concert avec un laïque, une congrégation de Filles appelées Lorettaines, du nom de Lorette, leur maison-mère. Cet homme apostolique mourut en 1824.

« Il eut pour successeur, dit M. Grelliche, M. l'abbé Chabrat, qui se fixa à Lorette, à quinze mille de Bardstown.

« Protecteur dévoué et administrateur habile, il porta la prospérité de cette maison à un si haut degré que les ministres protestants s'en émurent et entreprirent sa ruine.

« Ils allèrent, disant partout qu'il y avait à Lorette un cachot et des instruments de supplice au service de l'inquisition ; que, pour des fautes légères, des religieuses y étaient condamnées à vie, d'autres aux tortures à temps ; enfin, que la maison de Lorette était une maison de force, où de pauvres filles, dont tout le crime était d'avoir violé quelques articles d'une règle absurde, tyrannique et contre nature, expiaient dans les fers les péchés des papistes. Les papiers publics répétaient chaque matin les calomnies....

« Le clergé supplie l'évêque de lui permettre de répondre à ces attaques par la voie de la publicité. L'évêque répondit : Notre silence portera bientôt ses fruits ; la calomnie est montée si haut qu'il lui sera impossible de se soutenir.... Les bruits calomnieux tombèrent en effet. » (1)

M. Chabrat continua à faire prospérer la congrégation ; il fonda quatre maisons dans le Kentucky et cinq dans les diocèses voisins.

C'est de lui qu'il est question dans ces paroles d'un rapport sur le Kentucky :

« Le missionnaire qui demeure près de l'église Saint-Michel prend soin de cette congrégation (paroisse), du couvent de Lorette et de deux autres congrégations, l'une à quatorze et l'autre à trente milles. Il visite aussi différentes familles de l'Indiana. » (2)

Ce n'est pas assez de cette congrégation de Lorette, de ces trois paroisses, de cet Indiana lointain, pour rassasier le zèle de cet apôtre. Il appelle les Trappistes et les Jésuites et favorise leur établissement dans le Kentucky. Il s'occupe encore d'une Société de Frères, organisée par Mgr Flaget, « dont le but principal, dit l'évêque de Bardstown lui-même, dans une lettre du 21 janvier 1830, est de travailler à leur salut, et dont le but secondaire est de soulager les missionnaires dans l'administration temporelle de leurs églises. Parmi ces Frères, les uns sont agriculteurs, d'autres

(1) *Vie de Mgr Flaget.*
(2) *Annales de la Propagation de la Foi.*

savent des métiers, quelques-uns sont assez instruits pour tenir de petites écoles... M. Chabrat est leur supérieur ecclésiastique.... (1) »

Il remplit les laborieuses fonctions de supérieur général de toutes ces communautés, l'espace de douze ans, depuis 1824 jusqu'à 1835, époque où il fut promu à l'épiscopat.

Le jubilé, en 1826, et le choléra, en 1833, apportèrent à M. Chabrat un surcroît de travail. Son courage fut à la hauteur des circonstances. Apôtre et infirmier des malades, ange consolateur des malheureuses victimes du fléau, il expose mille fois sa vie pour porter à tous indistinctement, protestants et catholiques, les secours de la religion. L'esprit de Dieu l'avait saisi et le promenait à travers les savanes de l'Amérique pour y semer la parole évangélique. Il dressait son autel nomade tantôt sur les bords des grands fleuves, tantôt au sein des villes populeuses ou sous les arbres du désert. Il parlait de Dieu partout où il trouvait un village d'Indiens, une bourgade de blancs, une plantation d'esclaves, et il prodiguait ses soins et sa doctrine à tous ses frères, sans exception, les confondant dans les mêmes embrassements de sa charité.

Tant de travaux méritaient une récompense : elle arriva.

Mgr Flaget et son coadjuteur, Mgr David, étaient déjà vieux et brisés par les travaux de

____

(1) *Annales*, t. 4.

l'apostolat. Le diocèse était immense et l'administration exigeait une vigueur que n'avaient plus ces deux vénérables vieillards.

Mgr David donna sa démission ; et, pour le remplacer, tous les regards comme tous les désirs se portèrent sur M. Chabrat, que l'on regardait comme l'homme le plus méritant, le plus capable d'administrer le vaste diocèse de Bardstown.

« L'abbé Chabrat, dit M. Desgeorges, était plus jeune, d'une santé forte et vigoureuse, connu déjà par sa haute piété et son habileté dans toutes les questions administratives. C'était l'homme qu'il fallait au diocèse, alors travaillé par quelques esprits trop remuants. » (1)

Son nom fixa le choix du Souverain-Pontife ; et, les bulles ayant été expédiées, Mgr Chabrat fut sacré évêque, dans le courant de l'année 1835, avec le double titre de coadjuteur de l'évêque de Bardstown et d'évêque de Boliva, *in partibus infidelium.*

Le nouveau coadjuteur prit les rênes du gouvernement d'une main ferme et les tint avec une vigueur qui ne le quitta jamais. Le vieux pontife, Mgr Flaget, tranquille désormais et plein de confiance en celui que la Providence lui avait donné pour aide, songea à son voyage en Europe, qu'il désirait faire depuis longtemps.

« Monseigneur, lui dit le nouvel évêque, Mgr Chabrat, vous avez besoin de remettre

______

(1) *Vie de Mgr Flaget,* p. 97.

votre santé, qui nous est si précieuse, de visiter Rome et de revoir la France. Je suis plus jeune et plus fort que vous : j'essaierai pendant quelque temps de porter seul le fardeau. » (1)

Le vénérable vieillard embrassa son saint ami et s'embarqua pour l'Europe, que le Pape lui donna la permission de parcourir pour y prêcher en faveur de la Propagation de la Foi.

Pendant son absence, qui dura quatre ans, le coadjuteur fit des prodiges de vaillance.

En 1836, il adjoignit au Grand-Séminaire une école secondaire ecclésiastique, qui eut les plus beaux résultats dans l'enseignement de la jeunesse américaine.

La même année, par ses soins, par ses quêtes, par ses encouragements, trente églises nouvelles furent élevées dans le diocèse.

En 1837, le collège de Bardstown, à l'établissement duquel il avait largement concouru et auquel le Gouvernement des États-Unis avait concédé le titre d'*université*, à cause de sa célébrité, fut incendié par deux jeunes protestants, instruments de la haine jalouse de leurs coreligionnaires. Mgr Chabrat le releva de ses ruines.

En 1839, Mgr Flaget, de retour d'Europe, trouva l'administration du diocèse si sagement conduite qu'il ne voulut plus s'en occuper.

« Quant à l'administration du diocèse, dit M. Desgeorges, le modeste évêque voulut la laisser tout entière dans les mains de son nou-

(1) *Vie de Mgr Flaget*, p. 100.

veau coadjuteur, M. Chabrat. Il lui remettait régulièrement ce qu'il recevait de secours, se réservant à peine ce qui était nécessaire pour quelques aumônes, sans que les reproches de Mgr Chabrat pussent le déterminer à rendre sa pauvreté moins complète. On le vit, avec la simplicité d'un enfant, s'effacer entièrement pour faire mieux paraître les talents de son coadjuteur.

« Rien de plus touchant que le spectacle offert par le modeste palais épiscopal de Bardstown, abritant sous son toit trois évêques : Mgr Flaget employait ses heures à lire l'*Écriture-Sainte*, la *Vie des Saints*, l'*Histoire de l'Église* et quelque traité de théologie ; les moments que Mgr David ne donnait pas à la prière, il les consacrait à traduire en langue anglaise quelques ouvrages de piété ; et Mgr Chabrat, on vient de le dire, s'occupait des soins de l'administration. »

Mgr David mourut en 1841, âgé de quatre-vingts ans.

En cette même année, Mgr Chabrat mena à bonne fin une affaire d'une grande importance : la translation du siège épiscopal de Bardstown à Louisville, mesure qui eut les plus heureux résultats pour l'avancement de la religion au Kentucky.

Confinée au milieu des terres, Bardstown ne devait jamais acquérir une grande importance, tandis que Louisville, assise sur les bords enchantés de l'Ohio, prenait chaque jour de grands développements et comptait déjà plus de vingt-cinq mille habitants, dont à peu près six mille catholiques.

Pendant que Mgr Flaget, dans son voyage à Rome, parlait au Souverain-Pontife de cette translation projetée, le coadjuteur, avec son incessante activité, préparait les voies en Amérique ; il applanissait les difficultés, se procurait des fonds, achetait des terrains à Louisville pour y construire les établissements nécessaires.

Quand l'évêque titulaire fut de retour en Amérique, tout était prêt pour la translation. Il ne manquait que l'assentiment des évêques américains, réunis en Conseil à Baltimore (1840), à la décision desquels le Pape avait soumis l'affaire. Le concile approuva la translation ; et, la bulle pontificale qui l'autorisait étant arrivée, les deux évêques, en 1841, partaient, au grand regret des habitants de Bardstown, pour Louisville, où ils furent reçus avec un égal enthousiasme par les protestants et par les catholiques.

En 1842, Mgr Chabrat introduisit dans les États-Unis les religieuses du Bon-Pasteur, d'Angers, et c'est à Louisville qu'il fonda leur premier établissement. Il les logea dans une toute petite maison d'abord, mais bientôt il leur bâtit une demeure convenable. Malgré les soins qu'il mettait à leur adoucir les amertumes de la fondation, il y eut des souffrances dans les premiers temps.

« Le refuge du Bon-Pasteur, dit M. Desgeorges, n'était connu à Louisville que depuis quelque temps, lorsque les religieuses qui l'habitent exposèrent à Mgr Chabrat les durs sacrifices auxquels les condamnait une pauvreté extrême. Elles se voyaient réduites à la nécessité ou de refuser des pénitentes qui venaient s'offrir à elles avec des larmes de repentir, ou, après leur avoir ouvert les portes de la maison, de les laisser mourir de faim.

« Mgr Chabrat les invita à tenter un essai. « Je connais, leur dit-il, la générosité des habi-« tants de Louisville. Croyez-moi : envoyez, le « matin, sur la place du Marché, une de vos « Sœurs tourières avec un panier vide, et vous « verrez qu'on s'empressera de le remplir. » Cette parole fut pour les religieuses comme un trait de lumière. Elles envoyèrent la Sœur avec un panier, et, depuis cette époque, le refuge du Bon-Pasteur se nourrit plusieurs jours de la semaine avec des provisions de bouche qui ne coûtaient que la peine d'aller les chercher. Protestants et catholiques s'empressaient de remplir le panier. » (1)

Riche en expédients, Mgr Chabrat trouvait toujours moyen de se sortir d'embarras.

Il avait un amour de prédilection pour les communautés religieuses. Durant près de quarante ans, il leur prodigua ses labeurs et ses bénédictions.

(1) *Vie de Mgr Flaget*, p. 142.

CHAPITRE VI

Un Compagnon de M. Chabrat : M. Deydier.
— Sa Vie. — Sa Mort.

Laissons un instant Mgr Chabrat à ses travaux apostoliques et redisons ici quelques-unes des merveilles d'une vie toute de dévouement et d'abnégation sacerdotale, que mena un de ses compatriotes et amis, dans les régions lointaines du monde américain.

Nous avons dit, dans les premières pages de ce livre, que M. Chabrat passa en Amérique, en 1810, en compagnie de M. l'abbé Deydier, natif de la paroisse d'Anglards, non loin de Mauriac.

Continuons l'édifiante histoire de ce pauvre et jeune missionnaire, qui s'en alla pour ne plus revenir. C'est encore ici un de ces jeunes gens bénis de Dieu, qui poussent l'héroïsme jusqu'à tout quitter, joies du monde, joies de la famille, joies de la terre natale, joies de la liberté individuelle, pour aller, dans des parages inconnus, se dévouer au bien de l'humanité, s'épuiser dans d'incessants labeurs, donner goutte à goutte leur sang et leur vie pour le salut des âmes.

M. l'abbé Deydier, un de mes cousins, ce dont je me glorifie, ne devint pas prêtre immédiatement après son arrivée en Amérique. Il se livra d'abord à l'enseignement de la jeunesse ; puis, enfin, ayant consenti à se revêtir du caractère sacerdotal, il s'adonna aux Missions dans l'Indiana, un des États de l'Union-Américaine, sur lequel s'étendit longtemps la juridiction de Mgr Flaget.

Mgr Bruté, un des compagnons de Mgr Chabrat et de M. Deydier dans leur voyage de France en Amérique, devint le premier évêque de l'Indiana, et il fixa son siège épiscopal à Vincennes. Il trouva dans M. Deydier un zélé coopérateur dans le travail de la conversion de cette contrée des États-Unis ; il le prenait dans ses courses apostoliques, le faisait le confident de ses desseins et l'eut toujours en grande estime.

M. Deydier fut, après plusieurs autres travaux, chargé d'une congrégation importante dans le diocèse de l'Indiana, celle d'Évansville, jeune cité sur les bords de l'Ohio, qui acquit en peu d'années un accroissement extraordinaire.

L'église de cette ville était trop étroite pour contenir la population catholique, qui n'était pourtant pas très nombreuse. Le zélé missionnaire entreprit d'en construire une en briques sur des proportions plus vastes. Il s'adressa à la charité publique ; il s'imposa les plus rudes sacrifices, se privant même du nécessaire ; il frappa à toutes les portes, le saint prêtre, afin de trouver les ressources indispensables à la réalisation de ses louables desseins. Ses quatre frères, qui exerçaient aussi avec zèle le saint ministère en France, se cotisèrent et lui envoyèrent une somme de douze cents francs. Enfin l'église fut construite ; mais elle resta longtemps pauvre et sans ornementation intérieure.

Voici sur le dénuement du pauvre missionnaire quelques détails touchants, que j'ai été heureux de rencontrer providentiellement dans un petit livre, admirable de suavité chrétienne.

En 1840, Mgr de La Hailandière, successeur de Mgr Bruté, appela six Sœurs de la Providence, de Ruillé-sur-Loire, et les établit dans les forêts de l'Indiana, d'où le monastère prit le nom de Sainte-Marie-des-Bois. La communauté commençait à prospérer, les postulantes et les élèves arrivaient en grand nombre, lorsque tout à coup le couvent devint la proie des flammes. Il fallut chercher de nouveaux fonds pour relever les ruines : la supérieure, sœur Saint-Théodore, se rendit avec une novice en France, pour y chercher des ressources.

Revenue en Amérique, elle adressa une relation de son voyage aux rédacteurs du journal *l'Univers* ; et M. Léon Aubineau, l'un d'eux, la publia en un petit volume charmant. La bonne Sœur raconte qu'ayant trouvé sur son chemin Évansville, elle demanda l'hospitalité au missionnaire qui y faisait sa résidence, quoiqu'elle ne le connût pas.

Écoutons-la elle-même : son langage est délicieux :

« Vers minuit, dit-elle, nous arrivâmes à Évansville, une des premières cités de la République. Le père d'une de nos novices vint me chercher pour me mener chez lui ; et, le lendemain, jour de l'Annonciation, j'eus le bonheur de recevoir les sacrements de la Pénitence et de l'Eucharistie. O Marie ! ma bonne mère, soyez bénie à jamais pour votre tendre protection ! C'était encore à une de vos fêtes que je recevais un nouveau bienfait de Dieu ! Aidez-moi, je vous prie, à remplir les vœux que je vous ai faits pendant la tempête. Oh ! que je serais heureuse de vous faire connaître et aimer !

« Si je n'avais pas su que j'étais dans l'Indiana, dans le diocèse de Vincennes, j'aurais pu le deviner par l'extrême pauvreté dont j'étais environnée.

« En sortant de l'église, en briques, dont les murs nus sont le seul ornement, une dame catholique me conduisit à la maison du prêtre ; il était absent. Nous avons poussé la porte, et nous sommes entrées dans une chambre (si on peut lui donner ce nom) large d'environ huit ou neuf pieds. Une planche de bois blanc servait de table. La bonne dame la souleva, et me fit voir que l'intérieur était le lit du serviteur de Dieu. Assurément, il peut considérer son lit comme un tombeau et sa vie comme une mort continuelle. Avant que l'église fût bâtie, il offrait l'adorable sacrifice sur cette même planche. Quelques livres anglais et français, une chaise de bois et un petit poële composaient tout le mobilier ; sur le poële il y avait un vase en fonte, dans lequel le missionnaire fait cuire son pain : c'est sa seule nourriture, encore n'en prend-il qu'une fois par jour. Telle est la vie pénitente de l'apôtre d'Évansville, depuis plusieurs années, et cependant il est heureux !

« Il a opéré plusieurs conversions parmi les protestants : la mère de notre jeune novice, cette dame catholique qui me conduisit chez lui, est une de ses conquêtes.

« Le grand désir temporel qu'il éprouve serait que l'intérieur de sa pauvre église fût un peu orné : nous tâcherons de l'aider. Grâce à nos chers frères de France, nous sommes maintenant presque riches en pieux objets. »

Sœur Saint-Théodore arriva à Vincennes au moment où tous les missionnaires, au nombre de 25, étaient réunis pour la retraite pastorale.

A la fin des exercices, l'évêque fit l'ouverture du synode, le dimanche 5 mai 1842.

Le mardi suivant, fut célébré un office solennel pour les missionnaires défunts du diocèse, et M. Deydier fut choisi pour faire le panégyrique de Mgr Bruté et des prêtres morts dans le pénible apostolat de ces contrées hérétiques.

Voici le compte-rendu de ce discours, fait par la sœur Saint-Théodore, présente à la cérémonie :

« Le bon prêtre d'Évansville, dont je vous ai parlé, monta en chaire pour faire l'oraison funèbre de ces héros chrétiens. Il a été, pendant bien des années, le compagnon, l'ami et le confident de Mgr Bruté.

« Que ne puis-je vous reproduire ici l'éloquente simplicité de son discours, en parlant des vertus du saint évêque ! Mon Dieu, qu'il était touchant !

« Il commença par rappeler sa vie intérieure et mortifiée lorsqu'il n'était que simple prêtre, ses travaux, son humilité, son zèle. Il a raconté quelques-uns des mille traits de charité qui ont occupé cette vie de missionnaire. On ne peut faire un pas près de la montagne qu'il habitait sans y trouver des marques de sa bonté prévoyante. Là, c'est un pont ; plus loin, une grotte, qui offre aux voyageurs un ombrage contre la chaleur et à la piété un souvenir consolant.

« Il demeurait dans une *log-house*, juste comme celle dont je vous envoie la fidèle copie. Il était couché, ainsi que l'ami qui faisait son panégyrique, sur le plancher de la *log-house*, exposé à toutes les rigueurs des saisons. Il se couchait toujours après minuit, se levait à trois heures, employait à la récitation de son bréviaire et en méditations le temps qui s'écoulait jusqu'à sa messe, qu'il disait, vers six heures, chez les Sœurs de Saint-Joseph, dont la communauté était éloignée de sa *log-house* de près de deux milles. Il était obligé de passer tous les jours un *kerck* (espèce de torrent très commun en Amérique). Mouillé quelquefois jusqu'aux os, ses vêtements, en hiver, se gelaient sur lui et lui permettaient à peine de marcher ; dans cet état, il entendait les confessions, disait la messe et distribuait le pain de vie aux religieuses. Après quelques paroles de consolation et d'amour, qui sortaient si facilement de son cœur, il les quittait et allait consacrer les brillantes lumières de son esprit à un collège, près d'Émisburg, devenu la pépinière du clergé des États-Unis. Presque tous les évêques actuels y ont été les élèves de Mgr Brûté.

« Dans ses moments libres, le serviteur de Dieu allait visiter les familles de son immense Mission. De retour à sa cabane, il consacrait la première partie de ses nuits à écrire pour faire aimer la religion ou pour combattre l'erreur. Que de fois aussi une âme affligée a été l'objet des veilles du saint prêtre ! On pourrait compter des milliers de lettres écrites par lui dans ses heures de repos. Ses récréations mêmes étaient employées à faire du bien.

« Des citations toujours heureuses, des talents agréables, une mémoire prodigieuse, universelle, rendaient ses entretiens familiers aussi intéressants qu'utiles. Il ne pouvait rester oisif ; il communiquait son activité à ses amis, il leur faisait faire des prodiges.

« Qui pourra dire les œuvres admirables de Simon Brûté, devenu évêque ? Quel diocèse,

bon Dieu ! Un vaste pays sans église, sans prêtres, occupé encore par les Indiens, qui lui ont
donné leur nom.

« En 1834, Mgr Bruté reçut du saint évêque
Flaget un prêtre, qu'il venait d'ordonner. M.
Lalumière formait à lui seul tout le clergé.

« L'année suivante, Mgr Bruté retourna en
France avec Mgr Flaget, qu'il regardait comme
un père ; et là, déployant le zèle de son cœur
et les immenses besoins de son pauvre diocèse,
il fit naître et fructifier les élans généreux :
plusieurs prêtres et lévites, voulant partager
ses travaux, le suivirent sur la terre étrangère.
Une violente tempête pensa les engloutir. Il
leur dit : Mes chers enfants, ne craignez rien :
c'est une ruse du démon ; nous ne périrons
pas. Ils arrivèrent effectivement, contre toute
espérance humaine, au port de New-York, et
de là se rendirent à leur Mission.

« Riche alors de cet heureux renfort, on ne
saurait dire tout ce que le pieux évêque fit
pour les enfants que Dieu lui avait donnés. Le
prédicateur le rappelait en disant :

« C'est dans cette église, c'est dans ce sanc-
« tuaire, où vous êtes assis, que vous l'avez vu
« servir votre messe avec une humilité que sa
« piété seule pouvait surpasser. Voilà cette
« église qu'il a balayée tant de fois ; c'est ici
« qu'il sonnait lui-même la cloche, monté sur
« une chaise ; là, il coupait le bois dont vous
« aviez besoin pour vous réchauffer. Oui, c'est
« à vous, mes chers confrères, c'est à vous

« qu'il a donné l'exemple de toutes les vertus
« et de la tendresse la plus fraternelle ; le sou-
« venir en est si vivant dans vos cœurs que
« vouloir les rappeler serait en affaiblir l'im-
« pression.... »

« Il disait vrai. Oh ! qu'ils étaient tous émus
au souvenir de leur vénéré père ! Je les vis se
cacher la tête dans les mains comme pour
dérober leurs larmes aux yeux des assistants.

« Ils étaient là, ces chers enfants du bon
évêque Brûté ! Il était là, ce vénérable prélat
qui a été appelé à le remplacer dans les sacrées
fonctions de l'apostolat, lui, son fils ainé, le
bien-aimé de son cœur ! Il était là, ce bon
M. Corbe, auquel tant de fois l'évêque au cœur
de mère avait porté dans ses poches du pain et
quelques petits morceaux de sucre ! Ils étaient
là, ceux qui avaient partagé ses privations, ses
veilles, ses travaux ! Mais, dans ce moment, ils
avaient tout oublié pour ne se souvenir que de
la charité de leur père.

« N'est-il pas vrai, disait le prédicateur,
« que, lorsqu'il était avec nous, nous ne sen-
« tions point nos fatigues ? N'est-il pas vrai
« que rien ne nous coûtait ? que nous savions
« à peine que nous étions pauvres, manquant
« de tout à l'extérieur ? Souvenez-vous de ceux
« qui sont morts avant lui : quelle ferveur il
« leur avait inspirée !

« Le bon M. Deseille, mort parmi les sau-
« vages, seul et abandonné, se communia lui-
« même, dans la petite chapelle où il s'était

« traîné ; puis il expira, près de Jésus. Ce
« séraphique Benjamin Petit, dévoré d'un zèle
« si ardent pour les Indiens, sentait-il les tra-
« vaux qui l'on sitôt enlevé à notre amour, en
« même temps qu'ils l'ont placé parmi les
« martyrs de la charité ? Et ce cher M. Hamion,
« que nous avons perdu dernièrement, eût-il
« été si vite consumé s'il n'eût hérité de l'esprit
« de zèle de son digne évêque ? Il comptait sa
« vie pour rien, pourvu qu'il gagnât des âmes
« à Jésus-Christ. Son délire même a prouvé
« que, dans ce cœur de missionnaire, il n'y
« avait que Dieu, et Dieu seul....

    « Voilà les modèles de vie et de mort que
« nous avons à imiter, nous qui continuons
« leurs travaux. *Beati mortui qui in Domino*
« *moriuntur.* Sans prévenir les jugements de
« l'Église, nous aimons à considérer comme
« habitants du ciel les amis qui nous ont
« quittés ; il nous est doux de penser que le
« bonheur dont ils sont enivrés ne leur fait
« point oublier leurs frères exilés de l'Indiana ! »

    « Oh ! Messieurs, la belle oraison funèbre !
Combien elle m'a touchée ! Que j'ai remercié
Dieu de bon cœur de la petite part qu'il m'a
faite dans cette chère Mission, où tant de
saints ont travaillé et travaillent encore ! Non,
je n'aurais pas donné ma part, je ne dis pas
pour une couronne, car que sont les trésors de
la terre devant le cœur d'une religieuse ? mais
je ne l'aurais pas donnée pour toutes les con-

solations spirituelles qu'on peut trouver au service de Dieu.

« La clôture du synode se fit par le chant du *Te Deum* et par la lecture des derniers statuts du concile de Baltimore pour tous les États-Unis, et de ce qui avait été réglé pour le diocèse de Vincennes en particulier.

« Lorsque tout fut fini, chacun de ces bons missionnaires, renouvelé dans l'esprit de Dieu, se disposa à retourner à son doux, quoique pénible labeur. »

Ces pieuses pages sont des témoignages précieux de l'éloquence apostolique du saint missionnaire M. Deydier, ainsi que de ses vertus sacerdotales.

Une seule lettre du pasteur d'Évansville a été retrouvée : elle est adressée à son frère, curé de Saint-Beauzire, diocèse du Puy, dans la Haute-Loire, et datée du 14 avril 1847.

« Je ne puis, dit le missionnaire américain, qu'être touché des sentiments affectueux que vous me témoignez, mon cher frère. Je m'en sens bien indigne ; je sens aussi que c'est aux prières ferventes que ces sentiments vous portent à offrir pour moi, que je suis redevable de ce que je ne suis pas pire....

« Je ne saurais vous dire au juste quelle est la population d'Évansville, attendu qu'il n'y a pas eu de dénombrement depuis longtemps. Je suppose cependant qu'elle est d'environ trois ou quatre mille habitants.

« J'ai peu de catholiques que je puisse assister autrement qu'en leur donnant la sainte messe, les dimanches et fêtes : car ils sont la plupart Allemands, Prussiens ou Hollandais ; je n'ai presque pas de Français. Il y en a cependant un certain nombre qui entendent déjà l'anglais et, par conséquent, peuvent recourir à moi pour remplir leurs devoirs religieux.

« Le nombre de ceux qui fréquentent l'église est de cinq ou six cents. Parmi eux, il y en a de bons et un très grand nombre d'indifférents.

« Les protestants se jettent en foule dans le gouffre de l'infidélité. C'est ce qui doit résulter naturellement de la confusion des doctrines diverses qu'ils vont entendre prêcher....

« Quant à mon voyage en France, mon cher frère, il devient tous les jours moins probable ; car, dans ce monde, aussitôt qu'on est sorti d'un embarras on tombe dans un autre. Et, d'ailleurs, je prévois qu'il y aura toujours un embarras constant : celui de n'avoir jamais les fonds nécessaires pour le voyage, quand même les devoirs de mon ministère ne me retiendraient pas.

« Ma santé est bonne, grâce à Dieu ; mais ma barbe, qui commence à grisonner, m'avertit que la fin de mes jours approche. Je me recommande donc à vos prières, mon frère, afin que le reste de ma vie soit de plus en plus meilleur.

« Vous ne serez pas oublié au saint Autel par votre affectionné et indigne frère.

« A. DEYDIER. »

L'évêque de Vincennes, Mgr Maurice d'Aussai de Saint-Palais, un des successeurs de Mgr Bruté, étant venu en France, M. Deydier, curé de Saint-Beauzire, fit le voyage de Paris pour lui demander des nouvelles de son frère.

L'évêque américain, le voyant venir, lui dit : « Vous êtes le frère de l'abbé Deydier, curé d'Évansville, n'est-ce pas ? — Oui, Monseigneur. — Oh ! vous lui ressemblez parfaitement. » Mgr de Saint-Palais fit le plus grand éloge du saint prêtre : il parla avec avantage de son zèle, de son désintéressement, de ses talents, surtout de la vie austère qu'il menait.

C'est tout ce que je sais du pauvre missionnaire de l'Indiana, de cet enfant de l'Auvergne, qui, jeune encore, alla se faire Américain pour racheter des âmes, et qui mourut, là-bas, épuisé, brisé par l'âge, les tristesses, les déboires, les fatigues et les rigueurs d'un apostolat de cinquante ans. Il mourut vers l'année 1861.

Ses frères sont morts, ses sœurs sont mortes, presque tous les membres de sa nombreuse famille ont disparu.

Ainsi va le monde : tout passe, tout meurt, tout s'engloutit dans l'éternité ! Heureux ceux

qui s'en vont portant sur la tête l'auréole bril-
lante des vertus chrétiennes et dans les mains
le vase lumineux des œuvres de la charité
apostolique !

CHAPITRE VII

**Second Voyage de Mgr Chabrat en Europe. — Sa
Maladie. — Troisième Voyage. — Sa Démission
— État de son Diocèse en 1850.**

En 1843, Mgr Chabrat s'arrachait à ses travaux, à l'affection des Américains, et reprenait
le chemin de l'Europe, qu'il n'avait pas vue
depuis vingt-deux ans.

Il arrive à Paris au mois de juin et loge à
Saint-Sulpice, où il trouve son cousin, M. l'abbé
Lavialle, de Surgères, lequel rêvait déjà aux
Missions lointaines du Nouveau-Monde (1).

De Paris, Mgr Chabrat va à Angers, où il
rend compte, à la Supérieure générale du Bon-
Pasteur, de la situation temporelle et spirituelle
de ses Filles d'Amérique.

D'Angers, il va à Mauriac, à Chambres,
visite sa famille, ses amis, ses deux frères,
curés-doyens de Riom et de Salers, au milieu
desquels il pontifie, un jour, à Murat, dans une
fête solennelle.

(1) Voy. *Vie de Mgr Lavialle.*

De l'Auvergne, il passe en Angleterre, où l'appellent les affaires de son diocèse ; et, de là, il se rembarque pour l'Amérique, en septembre 1843, pendant que son cousin, M. Lavialle, décidé à le suivre, prend la mer au Hàvre, avec trois religieuses destinées au Kentucky.

L'évêque, M. Lavialle, les trois religieuses se retrouvent à New-York. Après une halte de quatre jours dans cette ville, ils partent, le 24 octobre, pour Louisville, où ils arrivent le 29 du même mois. Ils sont reçus dans la ville épiscopale avec une grande cordialité.

Quelques jours après, M. Lavialle écrivait à sa famille :

« Monseigneur, mon excellent et loyal cousin, va très bien. Les Américains trouvent qu'il s'est fortifié en France. Avec quel plaisir ils l'ont revu, après plus de cinq mois d'absence ! Vous auriez aimé, comme moi, à voir ces bons fidèles, hommes et femmes, lui donner une poignée de main, qui est le salut américain, avec une affection filiale, et lui, de son côté, les aborder avec cette cordialité que vous lui connaissez, et leur parler de son voyage. Il leur disait, en me désignant, que c'était là son neveu qu'il avait mené avec lui, et plusieurs poignées de main s'échangeaient alors entre eux et moi ; mais, ne sachant pas l'anglais, je ne comprenais pas ce qu'ils me disaient. »

De retour en Amérique, le coadjuteur

trouva ses œuvres prospères, et les mesures prises avaient parfaitement réussi. Il reprit son travail avec une sainte énergie.

Le 17 décembre 1843, dans une lettre à sa famille, M. l'abbé Lavialle disait, en parlant de Mgr Chabrat :

« C'est lui qui gère presque seul les affaires du diocèse, Mgr Flaget ne s'occupant presque plus, et il me paraît avoir un tact, une promptitude, un talent remarquable pour suffire à tout.

« Ici, les affaires temporelles sont considérables pour l'évêque, parce qu'il a souvent à acheter des terrains, à bâtir des maisons, des écoles, des couvents, des chapelles, des églises, et à veiller à l'entretien de tout cela.

« Il y a dans le diocèse, je crois, quarante prêtres environ et cinquante mille catholiques. »

Pendant son administration, Mgr Chabrat acheta pour plus de quatre cent mille francs de biens-fonds, qu'il paya par le moyen des souscriptions et des dons volontaires.

Mgr Spalding, son successeur, répétait souvent le mot de Mgr Flaget :

« M. Chabrat est un habile financier. »

Et M. Chambige, supérieur du Grand-Séminaire de Louisville, écrivait plus tard, en 1870, à M. Lavialle, avoué à Mauriac, une lettre dans laquelle, après avoir énuméré les œuvres de Mgr Chabrat, il ajoute :

« Nous devons encore à Mgr Chabrat l'état prospère des finances du diocèse de Louisville. »

Le bien matériel du diocèse n'absorbait pas les facultés et toute l'énergie du coadjuteur : le bien spirituel attirait aussi son attention et sa paternelle sollicitude. Souvent, il allait au loin donner des missions, prêcher des retraites, administrer le sacrement de Confirmation, visiter les divers établissements sur lesquels il exerçait la plus vigoureuse, mais la plus paternelle bienveillance, sachant que les établissements religieux sont pour l'Église une source de science, de foi, un foyer de lumière. Le nombre des catholiques augmentant par l'émigration venue d'Europe et par les conversions de jour en jour plus nombreuses, son zèle croissait aussi, en proportion des besoins religieux. Les anciennes églises, les premiers couvents, les premiers collèges étaient trop étroits : il fallait les rebâtir. C'était un travail incessant pour le coadjuteur. Les jours de son épiscopat étaient semblables aux jours de ses premières missions : mêmes labeurs et mêmes sacrifices.

Au milieu de ces labeurs, un jour, en janvier 1844, tout à coup Mgr Chabrat s'aperçoit que sa vue a faibli, et il sent les premières atteintes de ce mal d'yeux qui devait le rendre presque complètement aveugle. Il consulte les médecins, il fait des remèdes : rien ne réussit.

« Mgr Chabrat, pour lequel Mgr Flaget avait autant d'affection que d'estime, dit M. Desgeorges, vit sa belle santé s'altérer à un tel point que l'administration du diocèse devint un fardeau trop pesant pour lui. A de premières infirmités vint se joindre un notable affaiblissement dans sa vue, et le mal fit de si funestes progrès qu'il lui fallut songer à changer de climat et à venir consulter en France.

« Mgr Flaget, au moment du départ, était effrayé, en pensant à la solitude à laquelle allait être condamnée sa vieillesse. Il pressentait déjà le coup qui, plus tard, devait le frapper. »

Mgr Chabrat partit de Louisville le 16 septembre 1844, visita quelques évêques, ses amis, et s'embarqua pour l'Europe au commencement d'octobre, emportant une lettre de M. Lavialle à ses parents, dans laquelle on lit :

« Tâchez de faire disparaître son mal d'yeux, afin qu'il nous soit rendu au plus tôt. Il part ! Bien des Américains sont profondément affligés de cette séparation, que rend encore plus pénible la crainte qu'on a pour sa vue. Il a ici de nombreux et sincères amis selon la foi. Mgr Flaget surtout est vraiment peiné de se voir privé encore pour plusieurs mois de son cher coadjuteur, qui est aujourd'hui son seul soutien et son appui ; et tous, dans la plus sincère affliction, nous l'accompagnons de nos vœux, afin que bientôt nous le voyions revenir parfaitement guéri. »

Mgr Chabrat passa en France une année presque entière, dont la plus grande partie à

Paris, où il se soumit au traitement d'un habile médecin.

Impatient de revoir sa chère Amérique, quoique malade encore, il se met en mer et arrive à Louisville en septembre 1845.

Quinze jours après, il commence, avec M. Lavialle, une visite pastorale qui dura un mois. C'est ainsi que ces intrépides enfants de l'Auvergne se dévouaient au loin pour la gloire de Dieu, le salut des âmes et aussi la propagation de la civilisation chrétienne.

Malgré les premières atteintes d'une maladie d'entrailles et l'affaiblissement progressif de la vue, Mgr le Coadjuteur resta encore en Amérique un an et neuf mois. Mais, enfin, dans l'impossibilité où il se trouvait d'administrer le diocèse, il fallait prendre une détermination définitive.

L'administration du diocèse demandait une santé forte et une vigueur virile. Mgr Flaget avait quatre-vingt-quatre ans. Le diocèse aurait souffert : le coadjuteur en aurait été désolé. Aussi persista-t-il à vouloir donner sa démission.

« Mgr Chabrat, dit M. Desgeorges, avait songé à résigner ses fonctions, qu'il ne pouvait plus remplir. Dans cette vue, il avait écrit à Rome, demandant la permission de faire agréer sa démission par les Pères du prochain concile, qui devait se tenir à Baltimore. L'autorisation arriva ; mais les Pères du concile ne voulurent pas entendre parler de démission. Et, tandis que l'évêque de Cincinnati, avec une singulière bienveillance, s'offrait à prendre une partie du fardeau, en visitant la portion nord du Kentucky, l'évêque de Nashville s'engageait, avec la même bonté, à parcourir les contrées du Sud.

« Les choses en étaient là, lorsque Mgr Chabrat s'éloigna de l'Amérique. Il partit sans savoir ce qu'il allait devenir. Mais le médecin qu'il consulta, à Paris, homme habile et consciencieux, après avoir bien examiné sa maladie, alla, de son propre mouvement, trouver le nonce, et lui dit que cet évêque était perdu s'il retournait en Amérique. Aussitôt le nonce écrivit à Rome, et sa lettre était partie lorsque Mgr Chabrat se rendit auprès de lui pour l'entretenir de sa douloureuse position, et l'assurer de la pleine obéissance avec laquelle il voulait se soumettre à la décision du Souverain-Pontife. Le nonce lui répondit alors que l'Église n'était pas assez cruelle pour tuer ses évêques, que déjà il avait écrit une première fois et qu'il allait envoyer une seconde lettre. Six semaines après cet entretien, Mgr Chabrat était informé que sa démission avait été acceptée à Rome. » (1)

Mgr Chabrat était parti d'Amérique vers la fin de mai 1847. Il n'y revint plus.

Son intention était pourtant d'y revenir. S'il renonçait à l'administration du diocèse de Louisville, il ne renonçait pas aux Missions du Nouveau-Monde. L'Amérique a toujours été

____

(1) *Vie de Mgr Flaget.*

son pays de prédilection. Obligé de changer de
climat, il ne venait en France que pour chercher un remède à sa maladie, mais jamais
dans l'intention d'y passer ses derniers jours.
Il s'ennuyait en France, et il n'était heureux
que lorsque, sur le bord de la mer, il voyait
arriver ou partir quelque navire américain.

Hélas ! cette guérison qu'il attendait ne vint
pas, et il vit enfin s'évanouir la possibilité de
retourner dans ce pays bien-aimé, qui avait
été le théâtre de ses labeurs, de ses combats,
de ses victoires, et qui, par là même, avait
attaché fortement son grand cœur. Mgr Chabrat avait passé trente-sept ans en Amérique.

Deux ans et demi après son départ, le 11
février 1850, le patriarche de l'Église américaine, Mgr Flaget, mourait, âgé de quatre-
vingt-sept ans, avec la réputation d'un saint,
après cinquante-huit ans de Missions, dont
quarante d'épiscopat.

Ainsi finissait, au Nouveau-Monde, la glorieuse destinée de ces deux hommes.

Pour avoir une idée juste de leurs grands
travaux et pour bien les apprécier, il suffit de
comparer l'état du diocèse en 1810, à leur
arrivée, avec l'état du même diocèse quand ils
le quittèrent, pour aller l'un en France, l'autre
au ciel.

En 1810, ils trouvèrent dans ce diocèse,
nouvellement créé, deux prêtres séculiers,
quatre dominicains, douze églises ou chapelles,
environ treize mille chrétiens, Français, Irlan-

dais, Allemands, dispersés sur les bords des fleuves et dans les clairières des forêts ; il n'y avait pas un seul séminaire, pas un collège, pas une maison d'éducation, pas une religieuse, pas de clergé organisé, pas d'administration, pas de cathédrale, pas même une maison convenable pour l'évêque. Tout était à faire : c'était une création à tirer du néant.

Eh ! bien, nos deux apôtres se mettent à l'œuvre, avec une entente merveilleuse et un courage prodigieux. Ils fondent des séminaires, des collèges, des couvents ; ils appellent à leur secours les jésuites, les trappistes, plusieurs ordres anciens de religieuses, en fondent de nouveaux, bâtissent deux cathédrales, des églises en grand nombre, organisent sur tout le sol des congrégations ou paroisses. Ils travaillent si bien, non seulement dans le Kentucky, mais encore dans plusieurs autres États de l'Union, que certains de ces États, comme l'Indiana, l'Ohio, le Tennessée, deviennent successivement des diocèses. Au Kentucky, les deux évêques laissèrent, quand leur glorieuse mission fut finie, un grand séminaire, un petit séminaire, trois collèges comptant environ quatre cent cinquante élèves, un asile pour les orphelins, dix pensionnats, un établissement pour les sourds-muets, un monastère de trappistes, les jésuites qui dirigeaient deux des trois collèges, quatre congrégations de femmes qui comptaient dans le seul Kentucky quatre cents religieuses, lesquelles faisaient l'éducation de six cent cinquante jeunes personnes, sans compter les cent dix orphelines confiées aux Sœurs de la Charité. Les deux évêques portèrent en outre le nombre des églises de douze à cent vingt-deux, celui des prêtres séculiers de deux à cinquante-cinq, celui des fidèles de douze mille à quarante mille environ. (1)

Qu'on juge maintenant de la valeur de ces deux évêques, de leur courage, de leurs travaux et de leur dévouement ! Il n'est pas étonnant que Mgr Chabrat ait quitté avec regret le théâtre de tant de laborieuses conquêtes, ce vaste champ fécondé par les sueurs d'une lutte de près de quarante ans, ces nombreuses fondations qu'il avait faites et tous ces catholiques bien-aimés qu'il avait appelés à la lumière de l'Évangile.

CHAPITRE VIII

Solitude de Mgr Chabrat. — Sa Résignation et ses Vertus.

Après quelques mois passés à Paris, où il essaie de porter remède aux deux maladies contractées dans le rude labeur des Missions d'outre-mer, Mgr Chabrat vient demander l'hospitalité à son frère, avoué à Mauriac. Mais

(1) Statistique de l'Église catholique aux États-Unis en 1850.

bientôt, avide de silence et de paix, n'espérant plus rien de l'art des hommes, il s'en va retrouver le village où il était né, pour y prier, loin du monde, le Dieu en qui seul il espérait, et y servir l'Église, non par le ministère de la parole et de l'action, mais par le ministère non moins puissant des souffrances saintement supportées. On aime d'ailleurs à creuser sa tombe à côté de son berceau.

C'est donc à Chambres que vont désormais s'écouler les années de l'auguste vieillard, dans les solitudes de la vieillesse et les ombres de la douleur.

Il revenait d'Amérique absolument pauvre. Il avait même laissé en grande partie son modeste mobilier entre les mains de M. Lavialle, espérant toujours retourner au Kentucky.

Le diocèse de Louisville lui paya annuellement une pension, et Mgr Forcade, évêque de Nevers, son ami, lui obtenait de temps à autre, du Gouvernement français, une somme plus ou moins considérable, à titre de secours. Il n'eut pas d'autres ressources durant les vingt années qu'il vécut encore, cloué sur un lit de douleurs par les infirmités, dont les crises aiguës venaient de temps en temps le torturer sans le faire mourir.

Son père, sa mère étaient morts dans un âge très avancé ; les biens patrimoniaux avaient été partagés entre les enfants, et de ces biens l'évêque depuis longtemps ne possédait rien. Le domaine de Chambres était échu à son frère aîné.

Avec les économies faites sur sa pension, il acheta dans le village de Chambres un lopin de terre, sur lequel il bâtit une petite maison pour y abriter ses derniers jours.

Il ne perdit jamais entièrement la vue, mais elle était si faible qu'il pouvait à peine diriger ses pas.

Durant les premières années de sa retraite, il put dire la Sainte-Messe, grâce à un bref du Souverain-Pontife qui l'autorisait à dire toujours la messe de *Requiem* ou celle de la Sainte-Vierge, qu'il savait par cœur. Mais bientôt le bonheur de célébrer le Saint-Sacrifice et de réciter l'office lui fut enlevé par les infirmités, qui augmentaient toujours. Un prêtre venait, chaque dimanche, de Mauriac, célébrer les Saints-Mystères dans un appartement voisin de sa chambre.

Du fond de sa douloureuse solitude, Mgr Chabrat n'oublia jamais sa chère Amérique ; il en parlait toujours avec une émotion nouvelle. Sans cesse animé du souffle divin du salut des âmes, il conserva jusqu'aux derniers temps l'espoir d'aller mourir au Nouveau-Monde.

Mais ces aspirations vers un monde aimé n'enlevaient pas pourtant au vieillard la résignation à la volonté divine, et l'acceptation de sa destinée douloureuse n'en était pas moins affectueuse et volontaire. Il était parfaitement soumis vis-à-vis de Dieu, et vis-à-vis des hommes il était bon et plein de cette simplicité qui caractérise les belles âmes.

Rien n'est beau comme la candeur des premiers jours de la vie mêlée à la majesté des derniers! Eh! bien, dans Mgr Chabrat, cette candeur et cette majesté se trouvaient réunies et lui donnaient un air vénérable, une physionomie douce, dont le calme n'était troublé que par les rares apparitions de quelques éclairs qui jaillissaient, dans les contradictions, du fond de son âme, où se conserva jusqu'à la fin le feu des premiers temps.

Il était franc et loyal et il aimait la ligne droite; les indécis, les tortueux, les cérémonieux lui déplaisaient. Toute sa vie fut une affirmation sans crainte, sans faiblesse, quelquefois un peu brusque, de la vérité pure.

Il y avait dans ce dur missionnaire une force de volonté étonnante : c'était la trempe d'un autre âge et l'ardeur des convictions fortes. Une fois qu'après mûre réflexion, il avait conçu quelque projet, rien au monde ne le faisait dévier, aucune considération ne l'arrêtait dans la réalisation de ce projet. Comme il ne supportait pas les délais, les atermoiements, il ne consultait personne et allait droit au but, brisant les obstacles, n'écoutant aucune objection. Cette façon de faire, qui peut ne pas toujours réussir, réussissait très bien dans les entreprises de Mgr Chabrat.

Voilà son caractère.

Quant aux vertus sacerdotales, assurément il les possédait toutes, je ne dis pas au suprême degré, mais à un degré éminent, supérieur de beaucoup à celui des vertus ordinaires.

« Nous avons, dit M. Desgeorges, visité le vénérable évêque dans la modeste demeure qu'il a choisie au sein des montagnes du Cantal ; nous l'avons vu, quoique soumis au traitement le plus rude et le plus douloureux, conservant une paix inaltérable et la plus aimable gaîté, et, en contemplant cette simplicité antique et cette richesse de foi, il nous semblait retrouver l'évêque de Bardstown, Mgr Flaget, avec quelques années de moins. »

Mgr Chabrat vivait si économiquement que sa pension était pour lui une petite fortune, qui lui permettait, en accumulant les épargnes de chaque année, *de faire un peu de bien,* selon sa propre expression. *Avare pour lui-même, il était prodigue pour les autres,* disait de lui le bon curé de Chambres, M. Barrier.

Il donna cent francs à M. le Curé d'Enchanet pour son église, cinq cents francs à celui d'Espinassoles, seize cents francs à l'hospice de Salers ; il établit pour les pauvres de Chambres une rente au capital de deux mille francs, une autre pour l'église au capital de mille francs, etc.

« On me fait l'aumône, disait-il, je dois la faire aux autres ; je ne dépense pas tout : ce

qui me reste, les églises et les pauvres en
profitent. »

CHAPITRE IX

Fondation de la paroisse de Chambres. —
Les abbés Chabrat.

Mgr Chabrat avait joué dans le Nouveau-
Monde le beau rôle de civilisateur chrétien.
Dans le pays de sa naissance il joue le rôle,
aussi beau quoique moins brillant, de bienfaiteur des petits, des malades et des pauvres. Le
bien qu'il a fait dans sa douloureuse vieillesse
n'est pas une preuve moins éloquente de la
grandeur de son âme, que les belles œuvres
opérées sur un plus vaste théâtre, durant les
années de sa force virile.

Nous avons dit qu'il vint en France en 1844.
C'est dans ce voyage qu'il jeta les fondements
de la paroisse de Chambres. Les habitants de
ce village étaient, en hiver, souvent privés des
sacrements et de la Sainte-Messe, à cause de
la longue distance qui les séparait du Vigean,
où se trouvait l'église paroissiale. Mû par ces
hautes considérations et touché d'affectueuse
compassion pour les pauvres vieillards, qui
étaient obligés de faire un long et pénible chemin pour remplir leurs devoirs religieux, Mgr

Chabrat entreprit l'érection d'une paroisse dont son village natal serait le chef-lieu. Il fit donc les démarches nécessaires ; mais, selon les habitudes françaises, tout traînait en longueur. Peu habitué aux interminables tiraillements et aux lenteurs de la bureaucratie française, l'évêque, qui avait joui en Amérique de tant de liberté dans l'organisation des paroisses, se sentait impatient. Il prend le parti le plus expéditif : il va trouver lui-même directement la reine, épouse de Louis-Philippe. Sa Majesté Marie-Amélie reçut gracieusement l'évêque américain. Celui-ci lui exposa le but de sa visite, et sans retard la reine fit rendre l'ordonnance d'érection de la paroisse de Chambres. Cette ordonnance est datée du 11 juillet 1845. Le 16 du même mois parut le décret épiscopal, porté par Mgr de Marguerye, évêque de Saint-Flour, qui érigeait Chambres en paroisse et détachait du Vigean, pour former la nouvelle succursale, les villages de Chambres, de Lavialle, de La Roche, de Charreau, de Surgères et une maison de Mazerolles.

Venu à bout de ses desseins, Mgr Chabrat repart pour l'Amérique, laissant à ses deux frères, les doyens de Riom et de Salers, le soin de travailler à l'œuvre commencée.

Disons un mot de ces prêtres vénérables.

Pierre Chabrat, né en 1784 ou 1785, par conséquent plus âgé que l'évêque, fut curé de Saint-Martin-Valmeroux en 1815, en remplacement de M. Puech, décédé. Au rétablissement des Missions diocésaines par le Père Murat, M. Chabrat devint missionnaire. En quittant les Missions, il fut nommé curé de Ste-Eulalie, où il resta peu de temps. En 1829, il devint curé de Salers, en remplacement de M. Bos, décédé le 7 décembre 1828. Chanoine honoraire et doyen, M. Chabrat fit un grand bien dans sa nouvelle paroisse. C'était un homme sérieux et austère, d'un grand zèle et d'une éloquence un peu brusque, mais pleine du feu sacré et de la foi la plus vive. En 1854, il se démit de la cure et se retira à Chambres, auprès de son frère l'évêque. C'est là qu'il mourut, le 10 juillet 1859, âgé de 76 ans.

Son frère François-Xavier Chabrat naquit en 1798, fut ordonné prêtre en 1822 et nommé vicaire à Vebret la même année. Après quelques mois de séjour dans cette localité, il passa à la vicairie d'Anglards pour y soutenir le bien opéré par les missionnaires diocésains. M. Rivet, curé de cette paroisse, d'un âge très avancé, avait besoin d'un prêtre jeune et zélé pour maintenir les œuvres saintes données par les apôtres du diocèse, et l'autorité ecclésiastique avait jeté les yeux sur M. Chabrat. Celui-ci, en effet, déploya une ardeur remarquable ; mais bientôt, ne trouvant pas là un aliment suffisant au zèle qui le dévorait, il alla aux Missions diocésaines, où il resta environ 6 ans, de 1824 à 1830. Bel homme, éloquent, vif, d'une piété

sévère, d'un grand zèle apostolique, aimable en
société, rieur avec ses confrères, mais toujours
digne et fier, il acquit un grand renom parmi
les missionnaires et les populations de la
Haute-Auvergne. Les Missions ayant été dis-
soutes en 1830, Xavier Chabrat exerça le ministère en qualité de vicaire à Saint-Martin-Val-
méroux, pendant neuf mois, et, en 1831, il fut
nommé curé de Riom. Un certain air d'impiété
régnait dans cette vaste paroisse. M. Chabrat
en renouvela la face, y fit fleurir la piété ; le
ton frondeur de certains hommes s'adoucit et
disparut bientôt devant l'influence du nouveau
curé ; la religion fut respectée. Personne ne
bougea désormais : celui qu'on appelait *le
Pasteur* dominait tout le monde par l'ascendant
de sa vertu et la dignité de sa parole. J'ai eu
l'heureuse chance d'avoir été son vicaire, et je
puis rendre témoignage de sa générosité pour
ses confrères, de sa charité pour les pauvres,
de son cœur pour tous, de son zèle et de sa
science ecclésiastique. Il était vénéré des habitants de sa paroisse et sincèrement aimé des
prêtres de son canton. Son confessionnal était
sans cesse assiégé, les sacrements étaient fré-
quentés, les offices religieux exactement
suivis ; les désordres des premiers temps
avaient disparu, les scandales avaient cessé :
la paroisse n'était plus la même. Le curé avait
obtenu ces précieux résultats à force de zèle et
de dévouement ; il avait relevé les anciennes
dévotions, établi la congrégation des Enfants

de Marie, fondé une maison des Frères de Saint-Viateur, pour l'instruction des garçons, et un couvent de Sœurs de Saint-Vincent de Paul, pour les jeunes filles. Enfin, après trente ans de travaux et d'un ministère pastoral on ne peut plus fructueux, M. Chabrat mourut à Riom, emporté par une cruelle maladie, le 12 juillet 1860, juste un an après la mort de son frère, l'ancien curé de Salers. Tous les deux étaient chanoines honoraires du diocèse de Saint-Flour, ainsi que leur frère l'évêque de Boliva.

Ces deux prêtres, au caractère vraiment sacerdotal, aidèrent beaucoup leur frère l'évêque dans la fondation de la paroisse de Chambres.

Le 7 août 1845, Mgr de Marguerye, évêque de Saint-Flour, nomma desservant de la nouvelle paroisse M. Boyer, natif de Beaulieu (Cantal), lequel fut installé, le 1er septembre suivant, par M. Chabrat, curé de Salers.

La vieille chapelle du château avait été restaurée. Elle fut déclarée église paroissiale, sous le vocable de Saint-Léger; et le nouveau pasteur commença à y célébrer les offices divins.

Les habitants du village donnèrent un petit terrain pour faire un cimetière, lequel, avec leur concours, fut clos de murs et bénit, le 31 janvier 1847, par M. Virbonnet, chanoine et curé de Mauriac.

Revenu, en 1847, du Nouveau-Monde, où il

ne devait plus retourner, Mgr Chabrat acheva l'entreprise, heureusement commencée. Ils donnèrent, lui et ses frères, tous les ornements, tous les vases sacrés nécessaires au culte. Le vénérable prélat donna, en outre, une cloche du poids de 1.200 livres, qui fut dédiée au Cœur-Immaculé de Marie, bénite, le 22 novembre 1849, par M. Virbonnet, archiprêtre de Mauriac, en présence de Mgr Chabrat, et suspendue, par le moyen de poutres, devant la porte d'entrée du vieux château, à quelques pas de la chapelle.

Cette chapelle, qui n'avait pas de clocher, était insuffisante à contenir la pieuse populationtion qui venait des hameaux voisins. L'évêque entreprit de bâtir une église. Il retranche de plus en plus à sa nourriture et à son entretien ; il économise ses pauvres sous venus d'Amérique, et enfin, avec toutes ses épargnes réunies, il achète les ruines d'un moulin de l'Auze, en fait transporter les matériaux au village par les habitants, qui se montrent très empressés, et bientôt une église élégante et spacieuse surgit joyeusement de terre et s'élève au milieu des chaumières, dont elle est la reine bien-aimée.

La première pierre avait été posée, par Mgr de Marguerye, le 8 août 1850 ; et le 10 février 1852 le nouveau sanctuaire, achevé, fut bénit par M. Vidal, de Fontanges, grand-vicaire de Saint-Flour, en présence de Mgr Chabrat, des curés doyens de Riom et de Salers, de M.

Combes, chanoine honoraire et principal du collège de Mauriac, de M. Lesmarie, curé du Vigean, de M. Boyer, curé de Chambres, de M. Delalo, président du Tribunal de Mauriac, de toute la famille Chabrat et d'une foule nombreuse d'ecclésiastiques et de laïques. Le lendemain fut érigé le Chemin de la Croix par l'archiprêtre de Mauriac.

Mgr Chabrat fit changer le vocable de la paroisse, lui donna pour patronne titulaire la Sainte-Vierge et la dédia au Cœur-Immaculé de Marie, dont la solennité se célèbre le dimanche qui suit l'octave de l'Assomption.

La nouvelle église fut ornée de tableaux, fournie de vases sacrés, d'un mobilier magnifique. Le curé de Salers, retiré à Chambres, fit bâtir le clocher, en 1857, et acheta un presbytère, dont il dota la paroisse. L'antique chapelle fut transformée en salle d'école. L'évêque acheta successivement trois belles cloches et une grande croix en bronze, dont il orna la place publique. Bref, rien ne manqua à la jeune paroisse : elle fut amplement fournie de toutes choses.

M. Boyer, le premier curé de l'église naissante, prêtre selon le cœur de Dieu, devenu presque infirme, quitta Chambres en 1856 et rentra dans le lieu de sa naissance, à Beaulieu, où il mourut en 1863, âgé de 64 ans.

Son successeur, M. Porte, fut installé le 20 novembre 1856. Il était né, en 1800, à Chambres même, et, quand il rentra dans son village comme curé, il quittait l'importante paroisse de Fontanges, qu'il gouvernait depuis 1838. Homme d'un extérieur magnifique, d'un commerce agréable, d'une élocution facile, il avait fait un grand bien dans la paroisse qu'il quittait, et, déjà sur l'âge, il était heureux de venir consacrer ses vieux ans au bien des âmes dans son pays natal, auprès de l'évêque missionnaire. M. Porte mourut à Chambres, le 11 août 1862, et eut pour successeur M. Jean Barrier, natif d'Ally, curé sous lequel est mort Mgr Chabrat.

Telles ont été les origines de la paroisse de Chambres.

Il est des hommes qui ont ici-bas une bien belle destinée, qui sont appelés à de bien grandes choses. De ce nombre nous pouvons compter l'évêque dont nous écrivons la vie. Créateur d'un diocèse au-delà des mers, il finit sa carrière en créant une paroisse en Auvergne : il y emploie le peu de vie qui lui reste. Les enfants et les vieillards ne feront plus de longs chemins dans la neige ou dans l'eau : ils auront désormais au milieu d'eux leur église, leur prêtre, leur école, leurs morts et leur Dieu. Il y a quelque chose au monde qui vaut mieux que la gloire, les honneurs, la fortune, les jouissances matérielles et même la santé ; c'est le dévouement au bonheur de ses frères. Mgr Chabrat eut ce dévouement. Son cœur n'eut qu'une pente, la pente de la bonté, et son âme qu'un accent, l'accent de l'amour divin, qu'une ambition, l'ambition de bien faire. Aussi la paroisse de Chambres, fière d'avoir pour père un évêque des Missions, bénira à jamais la mémoire de celui qui présida à ses humbles commencements.

Les petits détails que je viens de donner auront dans l'avenir un intérêt toujours croissant. On aime l'harmonie des origines ; et le berceau d'une paroisse a, comme le berceau d'un enfant, des charmes délicieux.

CHAPITRE X

Fondation d'une Maison des Petites-Sœurs des Malades. — Maladie et Mort de Mgr Chabrat.

Il est une autre bonne œuvre faite par Mgr Chabrat, laquelle témoigne de sa profonde sympathie pour les infirmes, les malades, tous les délaissés de ce monde. Il puisait dans ses propres douleurs une pitié plus grande, plus affectueuse pour les douleurs d'autrui.

Dans le but de porter quelque soulagement aux souffrances des malheureux de son pays, il fonda à Chambres un établissement de Petites-Sœurs des malades, de Mauriac ; il leur donna une maison et quelques fonds pour leur subsistance. C'était en 1867.

Il est vrai que, quelque temps après la mort de Mgr Chabrat, l'établissement, pour un plus grand bien, fut transporté à Salers, d'où les Sœurs vont dans toutes les paroisses voisines, même à Chambres, pour y soigner les malades. De sorte que, par cette fondation, le bon évêque d'Amérique n'est pas seulement l'insigne bienfaiteur de sa paroisse natale, mais encore celui de plusieurs communes voisines. Et ce bienfait de l'homme de Dieu mérite d'autant plus d'être apprécié que les Petites-Sœurs des malades ne sont à charge à personne, ne recevant aucune rétribution pour les soins qu'elles donnent, servant nuit et jour les malades, riches et pauvres, faisant le ménage des infirmes, confectionnant les habits des pauvres, raccommodant et lavant leur linge, gardant leurs enfants quand les mères sont malades ou absentes.

Outre cette bonne œuvre, Mgr Chabrat donna à la maison-mère des Petites-Sœurs, à Mauriac, quelques fonds, qui lui permirent de bâtir une maison, car, nouvellement établi, cet Institut n'avait rien encore.

Cet évêque fut donc une Providence pour la congrégation nouvelle. Aussi, tant qu'elle vivra, Mgr Chabrat sera regardé comme l'ange tutélaire de son berceau, comme un insigne bienfaiteur de ces pauvres Filles, qui reçurent de lui les premières bénédictions et le premier amour. Sa mémoire sera à jamais bénie par ces Enfants de la pauvreté, qui la conserveront vivante dans leurs cœurs et qui rediront aux générations de l'avenir l'ineffable bonté et les inappréciables bienfaits de ce protecteur des premiers jours. L'impitoyable mort ne l'enlèvera pas tout entier : il restera de lui un saint et glorieux souvenir, que le temps, qui emporte tout, n'emportera jamais.

La fondation d'un ermitage de Petites-Sœurs des malades fut la dernière de tant de fondations faites, en France et en Amérique, par le vénérable prélat. Toutes ces œuvres aujourd'hui lui composent une couronne d'or, car il est mort, ce bon évêque ; il est mort comme il avait vécu, saintement ; il est mort comme meurent les justes et les amis de Dieu. Sa carrière s'est achevée comme elle avait commencé : au service des délaissés de ce monde, dans le rude labeur du salut des hommes et dans ce travail divin d'une âme qui se détache de plus en plus d'ici-bas et qui s'unit de plus en plus à Dieu.

Vers la fin du mois d'août 1868, les douleurs du saint vieillard se renouvellent tout à coup avec une violence inouïe. Elles diminuent pourtant bientôt d'intensité, mais elles laissent le cher malade dans un affaiblissement total des forces physiques.

Le jour de la Toussaint, il entend la Sainte-Messe et fait la communion, avec sa foi vive, disant que c'était sans doute pour la dernière fois.

Il demandait qu'on priât pour lui, parce

que, disait-il, je commence mes prières et je ne puis les achever.

Il a conservé jusqu'à la fin l'usage de toutes ses facultés intellectuelles et toute son énergie intérieure : les douleurs et les années avaient passé sur ce fort caractère sans l'affaiblir. Il était toujours affectueux ; il tendait la main à tous ceux qui l'approchaient, comme un suprême témoignage d'affection, comme un dernier adieu.

Nous eûmes un moment une lueur d'espoir, mais bientôt nous vîmes que tout était fini. Le 21 novembre, fête de la Présentation de la Sainte-Vierge au Temple, M. le Curé de Chambres administra au malade les derniers sacrements. C'était, hélas ! en effet, le dernier jour venu, le dernier d'une longue et glorieuse carrière !

Ce vieil évêque d'Amérique arrivait enfin à la porte du ciel. Le voyage avait été bien long, bien pénible.... Il arrivait par le rude chemin des douleurs, des sacrifices et des austérités, fatigué, épuisé, mais calme, résigné, purifié par vingt ans d'infirmités et quarante ans d'apostolat, redisant avec joie le grand mot de saint Paul : *Bonum certamen certavi, fidem servavi, cursum consummavi* : J'ai combattu les bons combats, j'ai gardé la foi ; il aurait pu ajouter : Je l'ai étendue au loin, et maintenant je touche au terme de mes jours ; j'ai consommé ma course : tout est fini !

C'était, en effet, fini. A une heure après

minuit, il eut une crise. Hélas ! cette crise, c'était la dernière ; c'était comme le mouvement du juste qui repousse du pied la terre pour prendre son élan vers les hauteurs des cieux. Nous étions dans la nuit du 21 au 22 novembre 1868. Il achevait la 81e année de son âge.

Le vénérable défunt resta exposé dans une chambre ardente pendant deux jours, revêtu de tous ses ornements pontificaux. Eh bien ! je n'ai rien vu de si beau, de si touchant que cette majesté de la religion unie à la majesté de la vieillesse et à celle de la mort !

Les funérailles furent simples et modestes ; on fit bien ce que l'on put pour en rehausser l'éclat, mais que pouvait-on faire dans un petit village ? Elles ne furent remarquables que par le pieux et nombreux concours des habitants et du clergé des paroisses voisines, qui vinrent avec amour apporter au saint évêque dans son cercueil le tribut de leurs larmes, de leurs prières et de leur vénération. Tous les ecclésiastiques avaient un flambeau à la main. Le poêle était tenu par le vénérable curé de Salins, par MM. les Doyens de Pleaux et de Salers et par le supérieur du Petit-Séminaire de Pleaux.

Lorsque les messes furent terminées, M. l'Archiprêtre de Mauriac fit la première absoute. M. Amiel, doyen du chapitre de Saint-Flour, que Mgr de Pompignac avait délégué pour présider aux funérailles, fit la seconde. Et, après cette dernière prière et ce dernier adieu de l'Église, le long cortège se mit en marche, pleurant et chantant autour du défunt, pleurant sa disparition de ce monde, chantant sa glorieuse entrée au ciel. On le déposa dans l'humble cimetière, auprès de ses deux frères prêtres ; et puis on s'éloigna. Les chants cessent, tout se tait....

Mais, si tout est fini ici-bas, tout commence là-haut, dans la splendeur des cieux ! Elle commence, cette vie glorieuse, éternelle, cette vie d'inénarrable félicité dans le sein de Dieu, cette vie où l'âme est transformée, épurée, agrandie, où elle reçoit une puissance nouvelle, qui lui permet de renouer ses rapports avec le monde d'ici-bas dans de plus merveilleuses et mystérieuses conditions : de sorte que cette âme d'évêque, divinisée, sera toujours présente sur la terre, présente par les bénédictions nombreuses et les grâces fécondes qu'elle y fera jaillir sans cesse ; présente par ses dépouilles mortelles, auxquelles, par un effet de la puissance de Dieu, elle communiquera une vertu divine qui fera du tombeau une lampe lumineuse, quoique invisible, au milieu du village ; présente surtout par les bonnes œuvres qui continueront, sous une impulsion nouvelle, le bien si heureusement commencé. Il me semble, en effet, voir ces bonnes œuvres, sous une forme humaine, rangées en chœur autour de l'humble tombe, vives et émues, leur doux regard au ciel, envoyant vers le Seigneur

leurs supplications puissantes et chantant per-
pétuellement dans d'ineffables mélodies le
bienfait de leur création, la gloire de leur
créateur.

ÉPILOGUE

Telle a été, mes jeunes amis, la vie de Mgr
Chabrat.

Mgr Chabrat ne fut pas un génie, et sa vie
ne fut pas une vie de merveilles, extraordinaire,
inimitable : elle fut simplement une vie bien
remplie, par conséquent une vie qui n'est pas
au-dessus de vos forces, de vos aptitudes et
que vous pouvez imiter.

Cette existence laborieuse, fructueuse,
savez-vous quel en fut le nerf, le ressort ? quel
fut le moteur de cet ensemble heureux de Missions, de voyages, de bonnes œuvres, de créations nombreuses ? Ce fut le zèle. Oui, ce fut le
zèle qui arracha le jeune homme des bras de
sa famille, du milieu de ses amis, aux charmes

de son pays, à toutes les affections, et qui, le prenant sans pitié, le lança au-delà des mers, sur les plages du Nouveau-Monde, et le promena dans les forêts de l'Amérique, à travers les rivières sans ponts, les déserts sans fin, l'excitant, le soutenant dans ses laborieuses entreprises, dans ses créations de paroisses, de collèges, de couvents et d'églises.

Le zèle fut l'âme de sa vie.

Et qu'est-ce que le zèle ?

Le zèle, mes amis, c'est ce sentiment vif, véhément, qui porte un homme à se sacrifier, à s'immoler, à se livrer corps et âme à quelqu'un ou à quelque chose. Le zèle, c'est l'immolation. A qui ? A Dieu, à son âme, au prochain. S'immoler pour la gloire de Dieu, s'immoler pour la sanctification de sa propre âme, s'immoler pour le bien de ses frères, voilà la triple immolation qui constitue le zèle.

Or, cette triple immolation, nous la trouvons dans Mgr Chabrat.

Il s'immola pour la gloire de Dieu. Assurément, mes jeunes amis, ce ne fut pas pour acquérir de la gloire et des honneurs que ce saint jeune homme alla s'enfouir dans les forêts du Nouveau-Monde, au milieu de peuplades hérétiques ou sauvages : ce fut pour procurer la gloire de Dieu, en appelant ces hérétiques à la foi, ces sauvages à la civilisation.

Il s'immola pour la sanctification de son âme. Évidemment ce ne fut pas pour son plaisir personnel qu'il renonça aux jouissances légitimes de la vie, qu'il alla mener là-bas une vie de martyr, au milieu des plus grands dangers, dans les durs labeurs de l'apostolat : ce fut pour sanctifier son âme.

Il s'immola pour le prochain. Se sacrifier, non pour acquérir de la fortune, mais des âmes, voilà la troisième cause de son immolation. De la fortune, il n'en voulait pas, il la laissa au pays de sa naissance; mais des âmes, il en voulait à tout prix, et c'est pour sauver des âmes, pour les rendre heureuses dans le temps et dans l'éternité, qu'il alla souffrir, travailler, prêcher jusqu'à épuisement de forces, dans les contrées lointaines d'un monde nouvellement découvert.

Eh! bien, mes jeunes amis, cette triple immolation que je trouve dans la vie de notre vénérable compatriote, je serais heureux de la trouver dans la vôtre, d'y trouver ces trois caractères de la grandeur humaine.

Je l'y trouverai, mes amis, car je ne suppose pas que vous vouliez être des inutiles, des satisfaits de peu, de ces hommes que saint

Paul appelle *infructuosi,* infructueux, stériles. D'ailleurs, un triple commandement vous impose la triple immolation.

L'immolation à Dieu est de précepte divin. Il est écrit, en effet : *Un seul Dieu tu adoreras et aimeras parfaitement ; Vous aimerez le Seigneur de tout votre cœur et de toutes vos forces.* Or, cet amour de Dieu, qui vous est si fortement recommandé, n'est autre chose que l'immolation à Dieu ; sans immolation point d'amour : l'un suppose l'autre. Par conséquent, si vous ne vous immolez pas pour la gloire de Dieu, vous n'aimez pas Dieu : vous êtes donc en dehors de la loi divine. J'ajoute que vous êtes en dehors de la loi naturelle, car c'est une loi naturelle que d'aimer son Créateur, de se dévouer pour son bienfaiteur, pour son Sauveur. L'immolation à Dieu est donc de précepte divin et de précepte naturel tout à la fois.

A l'amour de Dieu, vous devez joindre l'amour de votre âme. C'est encore ici une loi divine. La volonté de Dieu est formelle à cet cet égard : il veut votre salut, il vous impose l'obligation de vous en occuper, d'y travailler vaillamment et avec persévérance. C'est aussi une loi naturelle, car la nature humaine veut que vous ayez soin de vos intérets spirituels en même temps que des intérêts temporels.

Le sentiment de sa propre conservation, de son salut, est un sentiment inné, inhérent à la nature humaine, et par conséquent une loi naturelle. Donc, mes amis, si vous n'aimez pas votre âme, vous allez à l'encontre des lois divine et naturelle.

La troisième immolation que Dieu exige de vous, c'est l'immolation au bien spirituel du prochain. *Mandavit Deus unicuique de proximo suo : Dieu exige de tout homme qu'il s'occupe de son prochain ; Vous aimerez le prochain comme vous-même.* Or, cet amour du prochain, qu'est-ce, sinon l'immolation? Encore ici, sans immolation pas d'amour. Donc, par cela même que l'amour du prochain nous est commandé, l'immolation nous est commandée.

Voilà, mes bons amis, les trois immolations qui sont les trois éléments constitutifs du zèle.

Eh bien ! ce zèle, qui jeta de si grands éclats dans la vie de Mgr Chabrat et produisit de si beaux fruits, doit briller dans la vôtre.

Un jeune homme sans zèle est un jeune homme perdu : perdu pour le temps, car il n'est bon à rien, c'est un *vaurien*, et il vit méprisé, misérable ; perdu pour l'éternité, car celui qui n'a aucun amour au cœur, ni l'amour de Dieu, ni l'amour de son âme, ni l'amour de ses frères, ne peut prétendre au royaume de l'amour. Manquant à tous ses devoirs, peut-il être sauvé ? Non.

Au contraire, le jeune homme zélé, qui porte dans son cœur et manifeste par ses œuvres le triple amour de Dieu, de l'âme et du prochain, est heureux dans ce monde, car, aimant, il se sent aimé, dans l'autre, car sa triple immolation lui vaut une triple couronne.

Mes jeunes amis, voilà quelques pensées que je livre à vos réflexions. Je vous en prie, devenez des hommes de zèle, c'est-à-dire des hommes de dévouement, de sacrifice ; soyez les glorieuses victimes de l'amour de Dieu, de l'amour de vos âmes, de l'amour de vos frères. En cela vous trouverez la paix, la gloire et le bonheur.

TABLE DES MATIÈRES

AURILLAC, IMP. H. GENTET.

www.ingramcontent.com/pod-product-compliance
Lightning Source LLC
LaVergne TN
LVHW021747060726
842528LV00003B/831